W0052167

WIEN vom Kahlenberg.

THOMAS HOFMANN
BEPPO BEYERL

Wiener Vergnügungen

DIE STADT
von gestern

Styria
VERLAG

Inhalt

Treten S' ein, nur herein!

Wiener verschwundene Vergnügungen

»**Schön ist so** ein Ringelspiel! Das is a Hetz und kost net viel!«
Treffender als mit diesen klassischen Zeilen von Peter Herz,
gesungen von Hermann Leopoldi, aus den frühen 1930er-Jah-
ren, kann man die Wiener Seele kaum charakterisieren.
Damals, aber auch schon im 19. Jahrhundert und freilich auch
früher, liebten die Wiener die »Hetz«. Und ganz wichtig: Es
durfte nicht viel kosten. »Kost net viel« war die Garantie
dafür, dass das Vergnügen für alle erschwinglich war. Ob arm
oder reich, das Recht auf Unterhaltung hatten und haben alle.
Besonders die grantelnden Wiener. Die »Hetz« hatte in der
Reichshaupt- und Residenzstadt Wien spezifische Ausprä-
gungen, die wir ergründen wollen.

Allein die Herkunft des Wortes »Hetz«, der wieneri-
sche Terminus für Spaß und Unterhaltung, ist ein beredtes
Beispiel. Die »Hetz« kommt vom Hetztheater, das einst in der
Weißgerbervorstadt, im heutigen dritten Bezirk, stand. Ganz
nach altrömischer Manier wurden dort Tiere
gehetzt. 1796 brannte das Hetztheater ab,
was blieb ist die »Hetz« – Vergnügungen
und Unterhaltung für alle Bevölkerungs-
schichten bis ins 21. Jahrhundert.

Unsere Zeitreise beginnt im Prater,
der sich auch nach mehr als 250 Jahren
immer wieder neu erfindet. Ein einzigarti-
ges Panoptikum von Vergnügungen, ein Spiegel der jeweiligen Zeit, ein Stehaufmanderl, frei nach dem Motto »Den
Wurschtl kann keiner derschlagen!«. Natürlich besuchen wir
auch den Böhmischen Prater, die Oberlaaer Vergnügungsstätte des kleinen Mannes, wo wir den legendären Baronkarl
treffen.

» *Den Wurschtl kann keiner derschlagen!* «

Hetz, Spaß und allerlei Zerstreuungen, all das hatte einen Sinn: Die Wiener wollten den meist monotonen, vielfach kargen Alltag zumindest für kurze Zeit vergessen. Eine Möglichkeit war körperliche Ertüchtigung, sprich Sport. Die »Besseren« übten sich im Radfahren oder tauschten sich als hippophile Experten bei Derbys in der Krieau aus. An Sonntagen traf sich hier die feinere Gesellschaft, frei nach dem Motto: Sehen und gesehen werden. Die weniger Begüterten gingen auf den Fußballplatz oder sie kühlten sich im Gänsehäufel ab.

Wenn es um Musik ging, war der Dreivierteltakt die bevorzugte Wahl. Von Wien aus eroberte der Walzer die Welt. Die Musiker der Familie Strauß waren die nachhaltigsten Botschafter, Stichwort Radetzkymarsch und Donauwalzer. Gesungen, getanzt und gefeiert wurde in unzähligen Etablissements, riesigen, heute nicht mehr vorhandenen Vergnügungsstätten, wo tausende Menschen eine kurze Auszeit vom Alltag genossen. Dass in den Vorstadtlokalen auch reichlich gegessen und viel getrunken wurde, oft weit über das Maß hinaus, überrascht uns nicht. Im Jahr 1891, so lesen wir, verputzte Herr Schulz, »ein rüstiger Tramway-Conducteur«, unglaubliche 58 Zwetschkenknödel. Das muss ihm erst jemand nachmachen!

Als Konstante quer über die Jahrzehnte und Jahrhunderte zeigt sich: Typisch für die Wiener ist weniger das aktive Mitmachen, sie schätzen viel mehr das Zusehen. Die Devise ist: »Gemma schau'n!« Letztlich resultiert aus dieser Haltung auch der ultimative Wunsch der Wiener nach einer »schönen Leich«, einem eindrucksvollen Begräbnis: Sie selbst sind dann zwar nicht mehr, aber durch die stimmungsvolle Inszenierung ihres Abschieds aus dieser Welt können sie immerhin noch alle Hinterbliebenen einmal kräftig leben lassen.

Und so laden wir Sie mit dem Liedtext von Hermann Leopoldi ein in das bunte, faszinierende und unendlich vielfältige Panoptikum der Wiener Vergnügungen: »Treten S' ein, nur herein!«

Thomas Hofmann und Beppo Beyerl im Sommer 2019

Auf in den Volksprater

im X. Bezirk Laaerwald

zu erreichen mittels Straßenbahn Linie 6 bis Absberggasse (Ankerbrotwerke), von dort 15 Minuten durch die Quellenstraße. — An folgenden

PRATER-BELUSTIGUNGEN

können sie sich täglich erfreuen:

Riesenrad — Schlangenbahn
Raketenflieger — Kettenkarussel
Ringelspiele — Schaukeln
Schießhallen — Rudersport
Ballwerfen — Unterhaltung-Spielautomaten
Raupenbahn — Kegelbahnen

Gaststätten sorgen für Speisen und Getränke

Sämtliche Belustigungen sind täglich geöffnet. Durchschnittlicher Fahrpreis

20 Groschen

Um zahlreichen Besuch von Jung und Alt bitten

Die Praterunternehmer

Von der Schlangenbahn zur Kegelbahn: die Palette der Vergnügungen im Böhmischen Prater.

1

In Zeiten, als es weder
»events« noch »locations«
gab, genossen die Wienerinnen
und Wiener die Attraktionen
des Praters und der Wiener-
waldlandschaft. Dort war die
»Hetz« eindeutig am billigsten
und man konnte unbeschwert
eine Auszeit vom Alltag
nehmen.

Sonntagsfreuden und Landpartien

Verblasster Glanz, vergangene Freuden

Erinnerungen an den alten Prater

Wiener Vergnügungen! Wer denkt da nicht an den Prater? Ja, auch wir haben, so wie Sie, geschätzter Leser, geneigte Leserin, ganz persönliche Pratererinnerungen. Die erste Fahrt mit dem Riesenrad, die Hochschaubahn, das bunte Autodrom und schließlich die Eiskugel, die damals auf die Sonntagshose gefallen ist – unvergessene Erlebnisse! Doch wir drehen das (Riesen-)Rad der Zeit noch weiter zurück und blicken in das Praterkaleidoskop des 19. Jahrhunderts. Schauen wir, was und wie es damals war.

Zunächst zum Riesenrad. Dass es Gabor Steiner, der Sohn des Schauspielers und Theaterdirektors Maximilian Steiner, erbauen ließ und dass der Engländer Walter Basset ausführender Ingenieur war, ist nicht schwer zu googeln. Aber unser Riesenrad hat auch etwas Amerikanisches an sich, hat in Paris seine stählernen Wurzeln und kam über London nach Wien und zeigte sich anfänglich *very british.* Doch der Reihe nach: Städte mit Weltausstellungen wollen imponieren. Als 1873 Wien an der Reihe war, baute man die Rotunde und schuf damit ein neues Wahrzeichen! Bei der Pariser Weltausstellung, der Exposition universelle de Paris, von 1889 baute Alexandre Gustave Eiffel einen stählernen Turm – wieder ein Wahrzeichen! 1893 ließen sich die Amerikaner nicht lumpen: In Chicago errichtete George Washington Gale Ferris wieder einen Aussichtturm, allerdings einen, der zu einem Rad »zusammengedreht« war. Das derart entstandene »Ferris Wheel« war mit 36 Waggons Sensation und Wahrzeichen zugleich. Der Engländer Walter B. Basset kupferte Ferris' Idee dann ab und stellte 1895 den Londonern am »Earl's Court« ein 94 Meter hohes »Gigantic Wheel« hin.

> »
> *Das Riesenrad zeigt sich anfänglich ›very british‹.*
> «

Wahrzeichen der Wiener
Lebensfreude und Lebenslust:
Das Riesenrad hatte
ursprünglich dreißig Waggons,
heute sind es nur mehr
fünfzehn.

»

*Bei diesem feierlichen Akt wurde
wieder ›God save the Queen‹
intoniert …*

«

Oben erwähnter Gabor Steiner, nie verlegen, wenn es um Innovationen ging, sah das drehende Wunder und orderte eines für Wien, das er im Prater aufstellen ließ. Und jetzt kommt noch ein weiteres Land ins Spiel: Italien. Anno 1895 hatte Gabor Steiner vom genialen Architekten Oskar Marmorek auf 50.000 m² den riesigen Vergnügungspark »Venedig in Wien« errichten lassen. Begehbare Nachbildungen venezianischer Bauten waren hier ebenso zu finden wie Kanäle mit Gondeln und echten Gondolieri. Jahr für Jahr versuchte sich Steiner selber zu toppen, 1897 war jedoch das Riesenrad *die* Sensation. Mit 64 Metern war es nicht so groß wie seine Vorbilder, avancierte dennoch zum Wahrzeichen Wiens und dreht sich heute noch. Die anderen Riesenräder sind längst eingeschmolzen.

Die Eröffnung des Riesenrads fand am 3. Juli 1897 statt. In besagtem Siebenerjahr feierte die englische Königin Queen Victoria, die am 20. Juni 1837 den Thron bestiegen hatte, ihr sechzigjähriges Regierungsjubiläum. Selbstverständlich wurde die Monarchin auch in der englischen Botschaft in Wien gefeiert. Man zelebrierte in der Kirche der Botschaft in der Metternichgasse um 11 Uhr eine Messe und sang stehend »God save the Queen«. Die Feiern gingen aber noch weiter. Am nächsten Tag fuhren ihre Exzellenzen, der Botschafter Sir Horace Rumpold und seine Frau, zum Riesenrad in den Prater, um dort gleichsam symbolisch den Schlussstein zu setzen. Da das Rad aus Stahl war, gab es keinen Stein. Es hatte aber tausende Schrauben und so lag es nahe, die letzte Schraube

Eröffnet zum sechzigjährigen Regierungsjubiläum von Queen Victoria: das Riesenrad.

Die Kuppel des 1892 eröffneten Circus Busch war über viele Jahrzehnte eines der Wahrzeichen im Prater.

anzuziehen – auch keine schlechte Idee! Bei diesem feierlichen Akt wurde wieder »God save the Queen« intoniert, doch was dann folgte, überrascht uns. Lesen sie selbst: »Lady Rumbold fügte hier die letzte Schraube in das Eisengebälke ein, worauf eine Musikcapelle die englische Volkshymne anstimmte und der Chef-Ingenieur Higgins die Königin mit einem dreimaligen Hipp, Hipp, Hurrah! hochleben ließ.« (*Das Vaterland,* 6. Juni 1897). Aus Wiener Sicht finden wir das »Hipp, Hipp, Hurrah!« aus den Kehlen der englischen Landsleute eher befremdlich. Kaiser Franz Joseph, das wissen wir, hätte man mit einem kräftigen »Vivat!« zugejubelt.

Wenn wir damals vom Riesenrad hinüber zur Ausstellungsstraße blickten, stach uns eine riesige Kuppel ins Auge. Das markante Gebäude, das rund 2.600 Personen fasste, gehörte Paul Busch, seines Zeichens Zirkusdirektor, der am 4. Juni 1892 sein Haus eröffnet hatte. Heute assoziieren wir mit einem Zirkus unweigerlich ein riesiges buntes Zirkuszelt, das für ein paar Wochen aufgeschlagen wird, ehe der ganze Tross in die nächste Stadt weiterzieht – das Wien des ausgehenden 19. Jahrhunderts hatte mehrere feste Zirkusgebäude. Neben dem Zirkus Busch gab es den Zirkus Renz, der sich nicht weit vom Prater in der Zirkusgasse 44 befand. Das riesige Bauwerk hatte einen zwölfeckigen Grundriss mit 40 Metern

Durchmesser und war schon am 18. Februar 1854 eröffnet worden. 1883 erfolgte ein Umbau und der »Renz« verfügte damit über stolze 3.559 Sitzplätze. Das Gebäude wurde im Zweiten Weltkrieg schwer beschädigt und 1957 abgetragen. An seiner Stelle steht hier heute der Renzhof; ein Fassadenmosaik mit Zirkusdarstellungen von Robert Pippal erinnert an die großen Zeiten.

Ehe wir zum Zirkus Busch zurückkehren, wollen wir noch auf zwei weitere Zirkusgebäude hinweisen. Da wäre im Prater der »Circus Gymnasticus«, ein Bau (Eröffnung am 6. Juni 1808) von Josef Georg Kornhäusel (1782–1860), in dem Kunstreiter und andere Artisten auftraten und der 1852 abgerissen wurde. Und schließlich in der Märzstraße 6 bis 8 der Circus von Albert Schumann, der 1892 hier eine große Arena aus Holz errichten ließ. Am 9. April 1904 wurde nach Plänen von Alois Müller ein gemauerter Bau eröffnet. Er maß 50 m im Durchmesser, war 22,5 m hoch, bot Platz für 3.200 Personen und wurde 1922 wieder abgetragen.

Zurück zum Zirkus Busch oder Circus, wie man damals schrieb. In der *Presse* vom 22. Mai 1892, es war ein Sonntag, kündigte Paul Busch als »Eigenthümer und Direktor« die Eröffnung des neu erbauten »Circus Busch im k. k. Prater« für »Samstag, den 4. Juni, Abends halb 8 Uhr« an. Auch mehr als zehn Jahre nach dem verheerenden Brand des Ringtheaters am 8. Dezember 1881 saß den Wienern die Angst vor Bränden in großen Gebäuden wohl noch tief in den Knochen. So sind auch die Worte von Busch in seiner Annonce zu verstehen: »Nachdem es mir gelungen, die Erlaubnis zur Errichtung eines Circus im k. k. Prater zu erhalten, war es gleichzeitig mein Wunsch, ein Gebäude zu schaffen, welches in allererster Linie allen Ansprüchen betreffend der Feuersicherheit genügt, daher der Bau ausschließlich aus Stein und Eisen aufgeführt worden ist.« Busch reüssierte in Wien mit aufwendigen Vorstellungen, die in den Zeitungen ein positives Echo auslösten. So ließ er unter anderem vierzig Pferde auftreten und überzeugte mit raschen Szenen, »ein Bild jagt das andere«. Er verzichtete auf die Pause und gewährte bei den Nachmittagsvorstellungen freien Eintritt für Kinder (pro Besucher ein Kind).

Naturgemäß brachte die hohe Dichte der Zirkusse in Wien auch Konflikte mit sich, der Kampf um die Gunst des

» *Der Circus Busch überzeugte mit raschen Szenen.* «

zahlenden Publikums war hart und wurde mit allen Mitteln ausgefochten. 1892, in der ersten Saison von Paul Busch, kam es zu einem Eklat. Franz Werdan, ein Billeteur des Circus Schumann, hatte, so lesen wir in der *Neuen Freien Presse* vom 13. August 1892, in den Wirtshäusern des Praters Werbezettel für den Circus Schumann verteilt. Werdan traf dort einen befreundeten Artisten und besuchte mit ihm den Circus Busch. Dort kam es zum Streit. »Hier dürfen Sie diese Zettel nicht verteilen, da sind wir!« Als ein Billeteur der Busch-Leute fragte, was nun zu tun sei, war die Antwort eindeutig: »Verhauen! Durchprügeln!« Die derart entstandenen Verletzungen, »vier nußgroße Beulen am Hinterhaupte und hinter dem rechten Ohr eine Rißwunde«, wurden von einem Dr. Baumgartner attestiert. Das wäre ja an und für sich durchaus nachvollziehbar, doch im Zuge einer Gerichtsverhandlung stellte sich plötzlich alles ganz anders dar. Werdan, mittlerweile Angestellter beim Circus Busch, gab an, er sei gar nicht verprügelt worden, vielmehr hätte er damals als Angestellter des Circus Schumann so handeln müssen. Werdan, der versicherte die Wahrheit zu sprechen, sagte im Bezirksgericht Leopoldstadt vor dem Richter aus: »Herr Dr. Baumgartner ist Arzt im Circus Schumann und hat das so geschrieben. Die Frau Director Schumann hat verlangt, daß ich sagen möge, ich sei beim Busch geschlagen wor-

Von 1904 bis 1922 existierte in der Märzstraße 6 bis 8 der Circus von Albert Schumann.

den: Ich bin aber dort nicht geschlagen worden.« Die Reaktion der Justiz: Werdan wurde wegen dringenden Verdachts des Betruges und falscher Aussage vor Gericht ins Landesgericht eingeliefert.

Freilich konnten die monumentalen Zirkusgebäude nicht permanent von den eigenen Zirkusunternehmungen bespielt werden, die riesigen Kuppelräume wurden auch anderweitig vermietet, sei es an gastierende Zirkusse oder andere Veranstalter. Stellvertretend für viele wollen wir nur ein prominentes Beispiel herausgreifen: »Gastspiel Reinhardt. Der Zirkus Busch ist zu unverhofft literarischen Ehren emporgestiegen: Er darf einem erlauchten Gast, dem Sophokleischen Oedipus, für die Dauer seines Wiener Aufenthaltes in seinen Räumen Unterstand gewähren. Die Manege ist in eine Bühne verwandelt, die der Zuschauerraum von drei Seiten umschließt, auf der vierten grenzt die thebanische Königsburg den Hintergrund ab.« So berichtete die *Neue Freie Presse* am 6. Mai 1911 über die Premiere. Max Reinhardt führte nicht nur Regie, sondern spielte auch den blinden Seher Teiresias und konnte damit in Wien einen großen Erfolg feiern, wie wir der *Wiener Zeitung* entnehmen: »Die Wirkung war mächtig. Tiefstes lautloses Schweigen der Ergriffenheit ringsum. Am Schluß ein tumultartiges Losbrechen der lang zurückgestauten Begeisterung. Oft und immer wieder mußte Reinhardt mit seinen Leuten aus der alten Kadmos-Burg hervortreten. Er hatte auf seine Weise die Masse durch Masse bezwungen und nun auch in Wien glorios gesiegt. Sogar mit Hofmannsthal und gegen Sophokles. So stark ist dieser kleine Mann.«

Der Busch Zirkus avancierte nach einem Umbau im Jahr 1920 zum Zirkus Busch Kino mit 1.767 Plätzen. Wurden zunächst Stummfilme gezeigt, folgten ab 1929 Tonfilme. Zum Glück erlebte Paul Vincenz Busch, so der volle Name des 1850 in Berlin geborenen Grandseigneurs des Zirkusses, der 1927 verstorben war, die Zerstörung seines Wiener Zirkusgebäudes im Jahr 1945 nicht mehr.

»
Mit Salzgurke und Langos ist es da oft nicht getan.
«

Damals wie heute machte so ein Praterbesuch hungrig. Mit Salzgurke und Langos ist es da oft nicht getan. Zum Glück war und ist die Zahl der Pratergaststätten nie klein. Manche sind legendär und haben beinahe Kultstatus, denken wir nur an das »Schweizerhaus«, andere sind heute aber längst Geschichte.

Pertls Grand-Etablissement in der Hauptallee war auch als
»Drittes Kaffeehaus« bekannt. Karl Pertl übernahm den Betrieb
1886 und baute ihn erfolgreich weiter aus.

In den *Jörgel-Briefen* vom 25. Mai 1878 lesen wir dazu: »Es ist
begreiflich, daß die Kinder, wie auch die Großen, wenn sie den
Vormittag in der Kirchen und dann bei einer Spazierfahrt im
Prater zugebracht haben, auch ein' gehörigen Hunger bekommen und mit allen Kräften ihrer jugendlichen Herzen sich nach
einem ausgiebigen Hachelputz [= Essen] sehnen. Dafür is nun
im Prater in der genügendsten Weise gesorgt. Die Haute-Volée
hat den Constantin-Hügel, wo Sacher Wundervolles bietet, für
den Bürgerstand sein die Restaurationen in den drei Kaffeehäusern der Haupt-Allee, ferner ›das Kreuz‹, ›der Hirsch‹, ›die
Rosen‹, ›das Schweizerhaus‹ u. s. w., welche alle das Möglichs-
te thun, um ihre Gäste durch Kuchel und Keller zufrieden zu
stellen.«

Den »Constantin-Hügel«, den Hans Jörgel hier erwähnt,
finden wir gleich neben der Hauptallee. Immerhin ist er die
höchste Erhebung der brettelebenen Leopoldstadt. Freilich
ist der Hügel nicht natürlicher, sondern künstlicher Natur –
eine Aufschüttung des Aushubmaterials der Rotunde aus den
1870er-Jahren. Bald hatte der Erdhaufen auch einen Namen:
Konstantinhügel. Der Volksmund sprach von einer »Erdwar-
ze«. Das *Neue Fremden-Blatt* schrieb 1871 sogar, »daß dieser

Teich und Wasserfall:
Eduard Sachers Restaurant
am Konstantinhügel lag
ebenfalls an der Hauptallee
und war wegen seines
Besitzers und der erhöhten
Position legendär.

Konstantinhügel sammt Wasserfall und Teich das Geschmack-
loseste ist, was in Wien seit langer Zeit der Oeffentlichkeit
geboten wurde«. Be- oder auch gekrönt wurde dieser *mons
altissimus* zwischen dem damals neuen Bett der Donau und
dem Donaukanal von einem Restaurant. Und das war nicht von
schlechten Eltern, denn erster Pächter des Lokals »Am Hügel«
war der 1843 geborene und 1892 verstorbene Eduard Sacher,
Sohn jenes Franz Sacher, der die weltberühmte »Sachertorte«
erfunden hatte. Verheiratet war er mit Anna Sacher, die das
Hotel zu Weltruhm führte.

　　Damals gab es natürlich auch Lob, zumindest in den
Hans-Jörgel-Briefen, dessen Redakteur meinte, »daß man am
besten, feinsten und verhältnißmäßig am billigsten auf dem
Konstantin-Hügel beim Sacher ißt und trinkt«. (30. August
1873). Aber auch Negatives fanden wir. Leserbriefe von damals
begannen immer mit »Herr Redakteur!«. Nach einer derartigen

Anrede war meist etwas Negatives zu erwarten, der Absender hüllte sich in Anonymität, bestenfalls waren derartige Empörungen mit Initialen gezeichnet. So schrieb ein »C. v. R.« im *Fremden-Blatt* am 20. Mai 1873 völlig enttäuscht und frustriert von den langen Wartezeiten (»Es verging eine gute Viertelstunde und es kam nichts«) und den viel zu kleinen Portionen (»die mir dort vorgesetzten Speisen waren nur Modelle von den sonst im Lande üblichen Portionen«). »Die Restauration am Konstantinhügel«, so der erboste Genießer, gleiche »eher einem Hungerthurm, als einem Orte, an dem man Hunger und Durst stillt«. Jedenfalls dürfte auch dieser Gast nicht verhungert sein, denn er suchte eine andere Restauration auf. Das Lokal am Konstantinhügel fand in späteren Tagen ein unrühmliches Ende: In der Nacht von 22. auf 23. August 1977 wurde von unbekannten Tätern Feuer gelegt, die Ruine musste abgerissen werden.

Im Böhmischen Prater

Von den Freuden der armen Leute und vom Baronkarl

800 Schritte geradeaus, nicht mehr als 80 Schritte nach links und rechts, das sind die Maße des kleineren Praters in Wien. Eine Oase der Erquickung und Beruhigung im dichten und schnellen Leben der Stadt, die Konfiguration eines Märchens voller Kuriositäten, mit Würsteln, die sich selbst das Ketchup auf die Hälse schmieren, mit der Biene Maja, die als Pferd kostümiert die Kinder aufsteigen lässt.

Dereinst war dieser Prater das Refugium der Tschechen. Und das kam so: Er hieß tatsächlich Bauer, Franz mit Vornamen. Er bearbeitete jedoch nicht den Boden des Laaer Waldes, nein, er werkte dort als Kantinenwirt. Und er suchte anno 1882 um die Konzession zur »Abhaltung von erlaubten Spielen« an. Nach der Gewährung seines Ansuchens stellte er in seinem Wirtshausgarten ein Ringelspiel und eine Schaukel – vielleicht auch mehrere – auf. Der »Böhmische Prater« war in seiner Minimalvariante entstanden.

Kurz danach wiederholte ein gewisser Anton Swoboda – vielleicht schrieb er sich auch Svoboda, in unseren Annalen wird er als Swoboda gewürdigt – die oben beschriebene Prozedur, und auch er erhielt die Konzession.

Nun folgten mehrere Wirte, die improvisierte Schanklokale eröffneten, die jedoch der Einfachheit halber nicht um eine Konzession angesucht hatten. Das war aber der Gemeinde Oberlaa wiederum egal. Solange die Gastwirte einen kleinen Beitrag an den Armenfonds der Gemeinde spendeten, kümmerte sich die Gemeinde kaum um die fehlende Konzession. Da sehen wir zum wiederholten Male, wie positiv sich halblegale »Wiener Lösungen« auswirken können, auch wenn wir

> *Da sehen wir, wie positiv sich halblegale ›Wiener Lösungen‹ auswirken können.*

20

sie in unserem Fall noch der Gemeinde Oberlaa zurechnen müssen.

Die Wege zu den Behörden wären freilich aufreibend gewesen. Ein amtliches Problem bestand in der »Fremdzuständigkeit« der Wirte, da sie alle aus Böhmen und Mähren zugewandert und noch in ihrer ehemaligen Heimatgemeinde gemeldet waren.

Wo haben nun unsere tschechischen Wirte ihre Buden aufgeschlagen? Wir befinden uns im Laaer Wald, auch Oberlaaer Wald genannt, und zuständig waren die Gemeinde Oberlaa und die Bezirkshauptmannschaft Bruck an der Leitha, da sich der Laaer Wald damals außerhalb des Wiener Gemeindegebietes befand – die Grenze zog sich längs der Absberggasse. Und gleich daneben war der Standort des »Ziegelwerks Laaerberg«, der der Wienerberger Ziegelfabriks- und Baugesellschaft gehörte. Ein gewisser Jacob Löwy beteiligte sich Ende des 19. Jahrhunderts an den Oberlaaer Ziegelwerken und wurde später sogar Besitzer des Ziegelwerks Oberlaa mit der Adresse Laaer Straße 265. Am östlichen Abhang des Laaer Bergs

Auch im 21. Jahrhundert hat das Kettenkarussell im Böhmischen Prater nichts an seiner Faszination für Jung und Alt verloren.

Sicher gab es hier nicht nur Milch, sondern auch
herzhaftes böhmisches Bier; andernfalls hätte
der Baronkarl diese Gaststätte nicht betreten.

betrieb Löwy dieses Ziegelwerk bis 1939; 1942 kam er im KZ
Theresienstadt um. Soweit die traurigen Umstände. Doch die
Geschichte geht weiter. Nach dem Krieg erwarb die Gemein-
de Wien das Areal und schüttete in den 1950ern die einstige
Ziegelgrube des Herrn Löwy mit Müll zu. Heute ist über jenes
Areal, die »Löwygrube«, wie sie nun jeder kennt, das südlich an
den Böhmischen Prater anschließt, Gras im wahrsten Sinn des
Wortes gewachsen. Aus Sicht der MA 42, der Wiener Stadt-
gärten, liest sich das so: »Die Löwygrube ist eine großzügige
naturnahe, extensiv gepflegte kinder- und jugendfreundliche
Erholungsanlage im Südosten Wiens und Teil des Großerho-
lungsraumes Laaerberg.« Auch wenn nur wenige das Schicksal
von Jacob Löwy, der 1869 in der Slowakei das Licht der Welt
erblickt hatte, kennen, so ist uns sein Name doch geläufig.

Wie die tschechischen und slowakischen Ziegelarbeiter
mit ihren Frauen und ihren mitwerkelnden Kindern – sogar die
Hunde kamen zum Einsatz – in den Ziegelwerken behandelt
wurden, darüber wurde vielerorts bereits berichtet. Wie selbige
hausten oder vegetierten, darüber hat der Sozialreporter Max
Winter gesondert geschrieben: teilweise in stillgelegten Brenn-
öfen, mit dem Ziegelstein als Polster und der Arbeitshose als
Decke.

Ihre kärgliche Freizeit verbrachten die Tschechen — Nestroy gab einem Brünner in seiner Posse *Eisenbahnheiraten* den sprechenden Namen »Copak«, was so viel wie »zawos« oder »zuwas« bedeutete und somit die ständige Antwort der Tschechen auf ihnen missliebige Befehle der Wiener Vorarbeiter widergab — also die Tschechen marschierten zu Fuß auf den Laaer Wald, um dort ihre Sonntage zu verbringen.

Nicht ohne Sorgen betrachteten die Wiener dieses Vergnügen. »Dieser höchst bemerkenswerte charakteristische, auf dem Laaer Berg gelegene, außer den Simmeringern und Favoritnern nur wenigen Wienern bekannte czechische Prater, entwickelt bereits ein sehr reges Leben. Die Vergnügungs-Etablissementsbesitzer Bartonic, Bezdek, Brocek, Budar, Dworacek, Klimes, Pokorny, Sklenarik, Swoboda, Wanya; ekelerregende Schnapsverkäuferinnen, welche in tschechischem Idiom ihre Ware anbieten; schmutzstarrende alte Weiber, die um Almosen stehen; Krüppel, welche ihre Gebrechen zur Schau stellen; verstimmte Leierkasten, die ihre ohrenbetäubende Klänge zum Besten geben, markieren den Weg zu dieser merkwürdigen Kolonie.« Soweit die *Konstitutionelle Vorstadt-Zeitung* vom 30. April 1884.

Doch diese »merkwürdige Kolonie« begann sich schnell zu mausern. Ambulante Schausteller stellten ihre Hutschen auf, ohne um lästige Konzessionen oder Lizenzen anzusuchen, Schießbuden, Handschlagmessgeräte und andere Kraftmesser sowie Plattwurfspiele wurden errichtet, die Wirte organisierten Musikgruppen und Tanzveranstaltungen, auf der Laaer Straße reihten sich die Drehorgelmänner und spielten ihre Polkas.

Bald strömten nicht nur die Tschechen, sondern die proletarischen Schichten aus Favoriten und Simmering in ihrer kargen Freizeit in Massen auf den »Böhmischen Prater«, wie ein Text aus den *Wiener Bildern* vom 24. Oktober 1897 unter dem Titel »Am Laaerberg« belegen soll: »Unser Bild zeigt den Marsch der Menge um zwei Uhr Nachmittag. Die Damen, die mit geringen Ausnahmen der Hüte gern entbehren, gehen einzeln oder zu zweit nett frisiert und im bescheidenen Sonntagsstaat dahin, und am Wege stehen die Bonvivants der entersten Gründe und die jeunesse doree vom zehnten Bezirk, um sich mit treffsicherem Blick eine Herzenskönigin für den Sonntag oder länger zu erwählen. Förmlichkeiten gibt's da nicht viele.«

»
Schmutzstarrende alte Weiber, die um Almosen anstehen.
«

Auf Fotos im Buch *Das kleine Vergnügen an der Peripherie* (1992) von Wolfgang Slapansky sehen wir, wie sich die Massen – vor allem Mädchen und Burschen – auf einem Fußweg Richtung Laaer Wald bewegten. Auf anderen Fotos sieht man die prall gefüllten Wirtshäuser, daneben Bilder mit in irgendwelchen Wiesen picknickenden »Bonvivants der entersten Gründe«, wie unser Berichterstatter zuvor geschrieben hatte.

Wir wollen jetzt nicht chronologisch die Geschichte des Böhmischen Praters erzählen, sondern uns paradigmatisch auf einzelne Kuriositäten dieser märchenhaften Praterwelt konzentrieren.

Doch einige historischen Eckpunkte sollen schon erwähnt werden. Die tschechischen und slowakischen Ziegelarbeiter verschwanden mit der Zeit tatsächlich, viele wurden von der neu gegründeten Tschechoslowakei repatriiert. Die nachfolgenden Simmeringer und Favoritner nannten den »Prater« nach der nordostfavoritner Lautverschiebung auf einmal »Monte Laa«. Und während der Nazi-Zeit war die Bezeichnung »Böhmischer Prater« sowieso verpönt.

Jetzt aber zu den märchenhaften Kuriositäten. So das Holzkarussell zur Linken. Die Pferde heißen Karli, Herbert und Elfi. Wienerischer geht's nicht mehr, heute würden sie wohl auf Kevin, Ben und Mia getauft. Die Pferde sind handgeschnitzt, logische Folge: Kein Pferd gleicht dem anderen, und sie drehen sich in einem neuneckigen Holzkarussell bis heute. »Die Ornamentik an Satteln und Zaumzeug der Pferde entspricht der Phase des Romantischen Historismus um 1860«, äußerte sich dazu ein Gutachter des Bundesdenkmalamtes. »Das Ringelspiel im Böhmischen Prater stellt heute über die Grenzen Österreichs bereits ein sehr seltenes Beispiel seiner Gattung dar. Dies trifft sowohl auf den Außenbau zu, als auch auf die Ausstattung mit Springpferden, die in ihrer Art einzigartig sein dürften.« Soweit die Expertise aus dem Bescheid vom 4. Jänner 1985, der das Karussell unter Denkmalschutz stellte.

Das Holzsalettl selbst ist um 1840 gezimmert worden und zeigt als ältestes Karussell Mitteleuropas unverändert seine gediegene Pracht: Neonröhren, Werbeflächen oder Digitalanzeigen wird man hier vergeblich suchen.

Zur Zeit der Entstehung – wir gehen vom Jahr 1897 aus – mussten kräftige junge Burschen unterhalb des Karussells des-

» *Das älteste Karussell Mitteleuropas zeigt seine Pracht.* «

Die handgeschnitzten Pferde im wahrscheinlich
ältesten Holzkarussell der Welt haben ihre
wienerischen Namen behalten.

sen gewaltige Holzbalken anschieben. »Volksbelustigung Rosa
Wendl« war damals auf einem großen Schild zu lesen. Jetzt
werkt statt zerfurchter Handflächen ein Elektromotor.

Ernst Hrbalek, ein Eisenbahnersohn, der es bis zum
Eigentümer einer Firma für Gusstechnik brachte, drehte schon
als Kind einige Runden auf den Pferden namens Karli und Elfie.
Als das Karussell vor einigen Jahren verkauft wurde, griff er zu:
In der Winterpause 2016/17 ließ er die Mechanik erneuern,
brachte die Pferderln auf Hochglanz und reinstallierte eine ori-
ginalgetreue Drehorgel. Die Grundsubstanz der Orgel stammt
von einer Tanzorgel aus dem 19. Jahrhundert. Der Blasebalg,
die Trommel, Bässe, Violinen und Flöten wurden 1920 von der
Firma Mortier aus Antwerpen in Belgien eingebaut.

Ein paar Schritte weiter hört man den leiernden Tonfall
von Strauß-Melodien aus dem einfachen Mechanismus eines
Orchestrions. Zwei Tambours regeln den Takt, hinter der Fassa-
de versteckt sich das Geheimnis des Orchestrions: 187 Pfeifen,
die von einem Riesenblasbalg mittels Elektromotors zum Klingen gebracht werden, sowie die große und die kleine Trommel.

In einem nahe gelegenen Depotraum sammelte Otto Geissler noch weitere Geheimnisse. Aus allen Teilen der Monarchie, aus Krakau, aus Prag, natürlich auch aus Wien, geben sich alte Orchestrien ein Stelldichein, der dazu passende Bänkelsänger müsste wohl in vielen Sprachen bewandert sein. Und doch würde er in all seinen Sprachen verstummen, wenn er die Klänge jenes Polyphons hört, das mit seinem eingebauten Glockenspiel einen lieblichen Kontrast bildet zu den schweren Orchestrien. 1995 ist Herr Otto Geissler gestorben, nun wird sein Refugium von Henriette und den Kindern geleitet. Geblieben ist das Treffen der Drehorgelspieler, die einmal im Jahr sowohl am Monte Laa als auch im Zentrum von Favoriten ihre Drehorgeln zum Klingen bringen.

Was wäre der Böhmische Prater ohne den Baronkarl? Das Jahr seiner Geburt lesen wir auf seinem Grabstein: 24. Jänner 1882. Seine Stationen waren die Wirtshäuser am Laaerberg und seine Tätigkeit war das Bierdippeln. Bekannt wurde der Mann, der sich Karl Baron nannte, erstmals durch Peter Henisch und seinen *Geschichten vom Baronkarl*. Wir zitieren: »die polizisten haben im allgemeinen zu ihm gehalten. Der baronkarl war unter denkmalschutz, nur manchesmal hat es der karl direkt darauf angelegt und hat eine ganze Wache zur Raserei gebracht. In sehr kalten wintern ist es dem karl doch manchesmal zu kalt geworden. Meistens hat ihn dann jemand eingeladen, des öfteren hat er aber kein glück gehabt. Und also ist er vor eine wache gegangen und hat dort nächtlicherweise zu geigen begonnen. Nicht etwa hübsch, obwohl er sehr hübsch gekonnt hat, sondern eine echte katzenmusik. Und was ist passiert?« Einmal dürfen Sie raten. Zuerst gar nichts, aber der Baronkarl hat so lange gegeigt, bis ihn die Polizisten wegen »nächtlicher Ruhestörung« arretieren mussten.

Einer der Autoren (BB) durchwanderte in seiner Jugend öfter die Gegend am Laaerberg, um Stoff für seine Reportagen zu erhalten, und sprach mit den Pensionisten. Einer erzählte: »Geige hat er gespielt in den Wirtshäusern, aber er hat sich nie einladen lassen von den Gästen. Er hat lieber das Restbier von den Fässern getrunken.« Und ein anderer: »Wir Buben haben ihm Bandeln angehängt, oft mit Glocken, und wenn er gegangen ist, hat er gebimmelt. Aber er hat so getan, als würde er nichts merken!«

Jedenfalls war der Baronkarl bezirksbekannt, als ihn am 13. Oktober 1948 ein Auto überfuhr. Die Geschäftsleute hängten Fotos mit dem Baronkarl in die Auslage und sammelten über 8.000 Schilling. Der Bierdippler wurde mit allen Würden zu Grabe getragen, und halb Favoriten wanderte hinunter nach Simmering, um ihm am Zentralfriedhof das letzte Geleit zu geben. 1995 übersiedelte er auf den Matzleinsdorfer Evangelischen Friedhof, wo er endgültig seine letzte Ruhestätte gefunden hat: Gruppe 15, Nummer 238. Seinen tatsächlichen Namen hat er mit ins Grab genommen. Selbst die Polizei hat nach seinem Tod keine Papiere gefunden.

Wer will, kann im Böhmischen Prater auch mit alten Zügen fahren. Da wär' einmal der 6er, der auf den Namen »die süße Tram« hört. Statt Fahrkarten erhält man Zuckerwatte am Stab und Zuckerwatte im Kübel.

Es geht aber auch galanter. Im Park des Reiches von Ernst Hrbalek steht ein Waggon des Expresszugs von Sankt Petersburg über Wien nach Cannes. Übrigens: Wer im Kursbuch von 1913 nachschaut: Diesen »Luxuszug« gab's wirklich. Vielleicht kann man auch ein Ticket lösen. Der Schaffner wartet jedenfalls schon auf die Passagiere.

Außenseiter oder Individualist? Der Baronkarl war jedenfalls eine Legende des Böhmischen Praters.

Horizonterweiterungen

Von Aussichtstürmen und weiten Blicken

135

Über Jahrhunderte war die Türmerstube von St. Stephan das Nonplusultra für Weitblicke über Wien. Wer die Residenzstadt von oben sehen wollte, wer weite Horizonte suchte, stieg die heiligen Stufen des Südturms empor. Einer, dessen Aufgabe es von Berufs wegen war zu schauen, erklomm täglich die Höhe: jener Wachposten, der Ausschau nach Feuer oder Rauchsäulen hielt. Der menschliche Brandmelder hatte aus einer Höhe von 72 Metern des 136,4 Meter hohen Südturms einen großartigen Rundumblick, dafür musste er allerdings 343 Stufen bewältigen – das gilt auch noch für den Besucher heute. Zehn bis fünfzehn Minuten werden dafür veranschlagt.

Der wohl literarisch begabteste Beobachter, der je die Stufen zur Türmerstube erklommen hat, war Adalbert Stifter. Seine 1844 erstmals veröffentlichten Betrachtungen von der Spitze des St. Stephansturmes sind höchst poetische Schilderungen, akribisch beschriebene Momente voller Authentizität. »Sehr oft und namentlich schon in späteren, reiferen Jahren, erwartete ich durch die Güte des Türmers, mit dem ich Bekanntschaft gemacht hatte, auf der höchsten Höhe des Turmes das Erwachen des Tages. Ich stieg zu diesem Zwecke entweder schon vor Tagesanbruch auf den Turm oder ich durchwachte die Nacht auf demselben und stieg bei noch vollständigem Sternenscheine auf meinen Beobachtungsplatz.« Doch nicht nur hehre Beobachtungen der nächtlichen Skyline überlieferte der 1805 geborene Adalbert Stifter, auch von nächtlichen Jugendstreichen, die ihn freilich nicht so hoch hinaufführten, berichtet er uns. »Vor langer Zeit stiegen wir oft unser mehrere als Jünglinge auf den Turm hinauf oder gingen wenigstens innerhalb der Brustwehren herum, die vom unteren Rande des Kirchendaches emporragen. [...] Einmal tranken wir auf dem Turme das

Stephansdom, Türmerstube

Die Türmerstube von St. Stephan,
Wiens ältester Beobachtungsposten in
72 Meter Höhe.

Blick von der Türmerstube auf das Hochhaus
in der Herrengasse, das Rathaus und die Berge
des Wienerwaldes mit der Kirche von
Steinhof am Horizont (links).

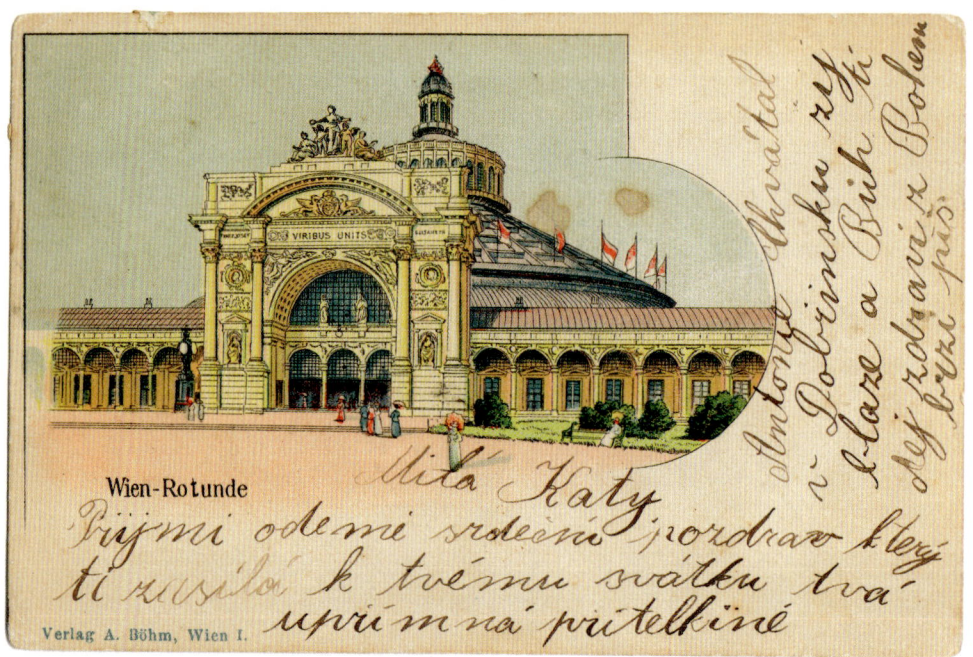

Wien-Rotunde

VIRIBUS UNITIS

Verlag A. Böhm, Wien I.

**Die 1873 eröffnete Rotunde bot den
Besuchern Rundblicke von der Dachgalerie
und von der Laterne an. Dazu gab es herzliche
Grüße zur Hochzeit auf Tschechisch!**

Wohl unserer Geliebten, ein anderes Mal, an dem Erinnerungs-
tage der Schlacht bei Leipzig, das des deutschen Vaterlandes
und schleuderten die Gläser in die Zacken des Turmes, damit
sie nach einem solchen Trunke nicht mehr durch einen andern
entweiht werden konnten.«

Die Stifter'schen Abenteuer sind kaum in der breiteren
Öffentlichkeit bekannt. Sie wären heute illegal und verboten,
aber auch damals – das dürfen wir mit an Sicherheit grenzen-
der Wahrscheinlichkeit annehmen – waren sie nicht erlaubt.

Knapp 30 Jahre später, 1873, im Jahr der Wiener
Weltausstellung, bot sich den Wienern mit der gigantischen
Rotunde eine neue Gelegenheit, Blicke aus dem urbanen
Umfeld in die Weite zu werfen. Stifter, der am 5. Jänner 1868
verstarb, war allerdings dieser Ausblick von der Rotunde nicht
mehr gegönnt. Schade für ihn, wir hätten es ihm vergönnt.
Zuvor wollen wir auf ein Kleinod eines nahezu unbekannten
Aussichtsturms hinweisen. Der rund zwei Stock hohe hölzerne
Turm mit außen liegender Stiege war 1872 von der Donau-Re-
gulierungs-Kommission im Bereich der damaligen Schwimm-

schulallee, der heutigen Lassallestraße in der Leopoldstadt, errichtet worden. Freilich, der Zweck dieses »Observatoriums«, wie es das *Illustrirte Wiener Extrablatt* am 19. August 1872 betitelt hatte, war kein touristischer, sondern ein geschäftlicher: »Das Observatorium dient den Ingenieuren zur Beobachtung der Arbeiter und zur Kontrolle der Materialzüge, welche alle in der unmittelbaren Nähe des Thurmes die Schwimmschulallee passiven müssen.« Von hier aus konnte man das neu gebaute Strombett hinauf bis Klosterneuburg und hinunter bis zur Stadlauerbrücke überblicken. Besetzt war der Auslug vom Morgengrauen um vier Uhr in der Früh bis halb neu am Abend. Ein einziger Mann versah dort den Dienst, keine Spur von Wechseldienst oder Schichtbetrieb. Zieht man die zwei Stunden Mittagspause von elf bis ein Uhr ab, hatte er einen Vierzehneinhalb-Stunden-Tag.

Wenden wir uns von diesem ersten urbanen Auslug ab und der Rotunde zu, einem monströsen Riesenbau, der seinesgleichen suchte. Die Kuppelhöhe lag bei 84 Metern, der Durchmesser an der Basis betrug 108 Meter. Um ein Bild zu strapazieren: Der Petersdom hätte darin Platz gefunden. Am 17. September 1937 wurde der stolze Bau, der für die Beherbergung großer Ausstellungen konzipiert worden war, ein Raub der Flammen. Wir aber blenden zurück in den Sommer 1873. Ab dem 20. Juni war diese Attraktion allen zugänglich, für leistbare 40 Kreuzer durfte man per pedes verschiedene Niveaus der Rotunde erklimmen. Wir entnehmen den *Neuen Tiroler Stimmen* vom 25. Juni einige Passagen im Original. Die erste Gelegenheit zum Weitblick bot sich bei der äußeren Galerie in ca. 80 Fuß Höhe (1 Fuss = ca. 30 cm): »Von der äußern Galerie aus hat man zum ersten Male einen Gesamtüberblick aus der Vogelperspektive über den ganzen Weltausstellungsplatz [...]. Weiterhin schweift der Blick über die grünen, waldigen Praterauen, über einen großen Theil der Stadt und ihrer nächsten Umgebung, über die Donau und den neuen Durchstich westwärts zu den waldigen Abhängen des Kahlengebirges. Große Fernröhre [sic!], die auf der Galerie angebracht sind, erhöhen die Reize der Aussicht.« Doch das war noch nicht alles, über Treppen gelangte man über das schräge Dach hinauf zur Laterne in 58,5 m Höhe.

»

Weiterhin schweift der Blick über die grünen, waldigen Praterauen, über einen großen Theil der Stadt und ihrer nächsten Umgebung, über die Donau und den neuen Durchstich westwärts zu den waldigen Abhängen des Kahlengebirges.

«

Stephanie-Warte, Kahlenberg, Wien XIX.

Die »Kronprinzessin Stephanie-Warte« wurde
am 29. Mai 1887 auf dem Kahlenberg eröffnet.

Bis zum Ende der Weltausstellung am 1. November 1873 nützten an die 200.000 Menschen dieses Angebot und erklommen die Rotunde. An die Höhe der Türmerstube von St. Stephan kam sie freilich nicht heran.

Rund 15 Jahre später erhielt Wien zwei richtige Aussichtspunkte, fest gemauerte, steinerne Warten für Blicke auf das Häusermeer der Residenzstadt. Beide Türme hatten nur eine Bestimmung: Sie waren erhabene Aussichtspodeste für weite Blicke, also 100 Prozent Ausguck, Fernsicht pur. Am Pfingstsonntag, dem 29. Mai 1887, wurde am Gipfel des 484 m hohen Kahlenbergs die Stephaniewarte eröffnet. Zwei Jahre später folgte am 7. Oktober 1889 die vom Österreichischen Touristenklub (ÖTK) gestiftete Habsburgwarte am Gipfel des Hermannskogels (542 m).

Doch vorher war das kaiserliche *placet* notwendig. Namen aus dem Kaiserhaus zu verwenden bedurfte der allerhöchsten Genehmigung, es war wie mit geschützten Marken. Über die Freigabe zur Verwendung des Namens findet sich der entscheidende Satz im *Vaterland* vom 26. Mai 1887: »Ihre k. Hoheiten Kronprinz Erzherzog Rudolph und Kronprinzessin Erzherzogin Stephanie haben genehmigt, daß der auf dem Kahlenberge neuerbaute Aussichtsthurm den Namen der durchlauchtigsten Frau Kronprinzessin Stephanie tragen dürfe. Der Thurm wird fortan ›Kronprinzessin Stephanie-Warte‹ heißen.« Kurz ein paar Eckdaten zur Namenspatin. Stephanie, korrekt Kronprinzessin Stephanie, Tochter des belgischen Königs Leopold II., Jahrgang 1864, hatte am 10. Mai 1881 Kronprinz Rudolf (Jahrgang 1858) geheiratet, im September 1883 war Tochter Elisabeth Marie (»Erzsi«) geboren worden, die später als »rote Erzherzogin« bekannt werden sollte. Stephanie war es bestimmt, später einmal Kaiserin zu werden, doch alles sollte anders kommen: Rudolf nahm sich am 30. Jänner 1889 in Mayerling das Leben.

Zurück zur Warte. Alleine die Bauart mit einer weit hervorkragenden Aussichtsplattform erinnert an ein Storchennest, das auf einem schlanken Kamin sitzt und einer Handvoll kleinen Störchen samt Storchenmama und Storchenpapa Platz bietet. Diesen Intentionen folgte man offenbar beim Bau der 22 m hohen Warte, die möglichst vielen Besuchern Platz bieten sollte. Und so gab es zwei getrennte Stiegenhäuser mit jeweils 125 Stufen. Eines zum Raufgehen, eins zum Runtergehen.

»

Die Bauart mit einer weit hervorkragenden Aussichtsplattform erinnert an ein Storchennest.

«

Hainburg · Deutsch-Altenburg · Donaufeld · Neues Donaubett · Donau-Schleuse · Rotunde · Riesenrad · Arsenal

Nachdruck vorbehalten.

Gruß aus W

So kam man sich nicht in die Quere, wie etwa beim Aufstieg zum Steffl-Südturm, wo es manchmal eng werden kann. Höchst professionell waren auch Werbung und Marketing, um Besucher auf des Kahlenberges Höhe zu bringen; neben der Weitsicht bot man den Leuten einladende Programme. So lockte schon bald, am 15. Juli 1887, im *Humorist* ein Inserat: »Kahlenberg. Schönster Ausflugsort. Prachtvolles Panorama von der Kronprinzessin Stephanie-Warte, umfassend die Stadt Wien, den ganzen Wiener-Wald, den oberen und unteren Lauf der Donau, das Marchfeld, die kleinen Karpathen, das Leithagebirge und die steierischen Alpen bis zum Schneeberg. Elektrische Beleuchtung. Vorzügliche Restauration. Jeden Sonn- und Feiertag und bei günstiger Witterung auch Donnerstag Concert der vollständigen Regiments-Capelle Hoch- und Deutschmeister bis 10 Uhr abends.« Wer da nicht kam, war selbst schuld. Dass der Kahlenberg für eine Warte auserkoren wurde, lag auf der

Image labels (from left to right): Stefanskirche · Karlskirche · Donaucanal · Votivkirche · Rathhaus · Zug der Zahnradbahn · Anninger 674 m · Aussichtsthurm auf dem Kahlenberg 22 m hoch 458 m ü. d. Meeressp.

Panorama Wien's vom Kahlenberg gesehen.

Hand. Der Lieblingsaussichtsberg der Wiener war mit der am 7. März 1874 eröffneten Zahnradbahn ein Stück näher gerückt. Damit war es ein Leichtes, von Nußdorf, der heutigen Endstation der Straßenbahnlinie D, die 5,5 km lange Strecke in einer halben Stunde zu bewältigen.

Der Leopoldsberg (425 m) war mit der Kirche schon besetzt, so blieb als nächst logischer Berg der Hermannskogel. Die Idee, am höchsten Berg der Stadt eine Warte zu errichten, wurde 1883 geboren: Am 15. März brachte der damalige Präsident des ÖTK beim Zentralausschuss einen Antrag ein, der mehrheitlich angenommen wurde. Der äußere Anlass für die Errichtung war bald gefunden: das 40-jährige Regierungsjubiläum von Kaiser Franz Joseph I., das ins Jahr 1888 fiel. Architekt Franz Ritter von Neumann, der die Arkadenhäuser beiderseits des Wiener Rathauses gebaut hatte, lieferte die Pläne. Und nun ging's ans Geldsammeln. 1884, als der Kaiser

Habsburgwarte am Hermannskogel

Verlag Öst. Touristen-Klub — Chwalas Druck, Wien, VII. Westbahnstr. 9

Zur Eröffnung der Habsburgwarte am
Hermannskogel am 7. Oktober 1889 kamen
»weit über 2000 Personen«.

> » Die Warte erinnert an einen martialischen Wehrturm und glich in gewisser Weise einer Miniburg im Hochformat und zeigte keinerlei Ähnlichkeit mit dem Ziegelbau der grazilen Stephaniewarte. «

seine Zustimmung zum Namen der Warte gab, spendete der Monarch 1.000 Gulden, doch trotz dieser allerhöchsten Vorbildwirkung wollten die Spenden nicht so recht einlaufen. Im Sommer 1887 wurde mit dem Abholzen des Bauplatzes begonnen. In der nächsten Ballsaison, bei der das »Touristen-Kränzchen« ein wichtiger Fixpunkt aller tanzfreudigen Wiener war, gab es bereits ein Bild zu sehen. 1888 feierte der ÖTK sein Kränzchen in den festlich geschmückten Sophiensälen, die ganz im Zeichen der Natur standen, wie wir der *Wiener Allgemeinen Zeitung* vom 6. Februar entnehmen. Der Maler Anton Hlaváček hatte ein wunderbares Wandgemälde mit dem Kronprinzessin Stephanie-Schutzhaus auf dem Monte Maggiore, der heutigen Učka östlich von Opatija, im Hintergrund die Adria mit den istrischen und kroatischen Bergen, geschaffen. Den kleinen Saal hatte Adolf Blamauer künstlerisch gestaltet, er schuf eine Wienerwaldidylle mit dem Modell der Habsburgerwarte im Hintergrund. Gekrönt wurde der gelungene Abend durch Besuche des Kaiserhauses. Kronprinz Rudolf — »Kräftige Juchezer ertönten aus den frischen Kehlen und Mitglieder des Hornisten-Clubs bliesen eine Jagdfanfare« — und Erzherzog Rainer kamen als erste. Um halb zwölf Uhr erschien auch der Protektor des ÖTK, Erzherzog Karl Ludwig, als letzter der kaiserlichen Hoheiten. Hoher Reingewinn wurde unter anderem durch den Verkauf von »Ansichten der Zukunfts-Habsburgwarte, welche großen Absatz fanden«, erzielt. Im Frühjahr 1888 wurde endlich mit dem Bau begonnen, den Schlussstein legte man am 19. November, dem Namenstag der Kaiserin. Erst ein knappes Jahr später, am 7. Oktober 1889, war es dann soweit. Im Beisein von Erzherzog Carl Ludwig wurde der Sandsteinbau, dessen Architektur ganz dem sogenannten »Heimatstil« verbunden war, eröffnet. Die Warte erinnert an einen martialischen Wehrturm und glich in gewisser Weise einer Miniburg im Hochformat und zeigte keinerlei Ähnlichkeit mit dem Ziegelbau der grazilen Stephaniewarte.

»Weit über 2000 Personen« hatten sich für den Eröffnungstag fein gemacht. »Das denkbar schönste Wetter verherrlichte den Festtag und machte den zuweilen etwas beschwerlichen Aufstieg zum Hermannskogel durch den herbstlich buntbelaubten Wald, zu einer angenehmen und lohnenden

Partie.« Schon bei der Anfahrt, am Beginn der Sieveringer Hauptstraße an der Abzweigung der Grinzinger Allee, hatte man einen Triumphbogen mit dem Spruch »Hoch das Haus Habsburg!« errichtet. Die Feierlichkeiten waren ein Volksfest bei schönstem Herbstwetter. Es spielten zwei Musikkapellen, die der Infanterie-Regimenter Hoch- und Deutschmeister Nr. 4 und die des Großherzogs von Baden Nr. 50, und allen gefiel es.

Doch diese Warte hatte noch einen anderen Zweck. Sie wurde im Frühjahr 1889 durch Anordnung vom k. u. k. Reichs-kriegsministerium in das trigonometrische Netz der Geodäten einbezogen und avancierte zum fixen Vermessungspunkt in der Monarchie. Zuständig dafür war das 1839 gegründete K. & K. Militär-Geographische Institut, die Vorgängerinstitution des heu-tigen BEV, des Bundesamts für Eich- und Vermessungswesen. Auf einer Tafel am Fuß der Warte lesen wir, dass der auf der Platt-form der Warte befindliche Pfeiler der »Fundamentalpunkt der Österreichischen Landvermessung« ist. Auch die genaue Lage,

Am Gallitzinberg stellte der »Ottakringer Verschönerungsverein« die eiserne Jubiläumswarte auf.

Verlag des Ottakringer Verschönerungs-Vereines.

»

Wien war also in Sachen Warten nicht mehr zu toppen, dennoch folgte zehn Jahre später eine weitere, die Jubiläumswarte.

«

sprich die geografischen Koordinaten und die Höhe über Adria sind hier nachzulesen, aber die verraten wir an dieser Stelle nicht.

Wien war also in Sachen Warten nicht mehr zu toppen, dennoch folgte zehn Jahre später eine weitere, die Jubiläumswarte. Auch ihr wollen wir einen Besuch abstatten, wenngleich die erste hölzerne und die spätere eiserne Konstruktion von einst verschwunden sind und 1956 eine Betonwarte als Ersatz errichtet worden ist. 1898 war wieder ein kaiserliches Jubeljahr; es galt, das 50-jährige Regierungsjubiläum des Kaisers zu feiern. Landauf, landab ist diese Jahreszahl auf Schulen, Kasernen und anderen Gebäuden zu finden. Und auch die Jubiläumswarte geht auf diesen Anlass zurück. So baute man im August 1898 auf dem Gallitzinberg (449 m) eine hölzerne Warte, ein Konstrukt, das nicht lange währen sollte – es wurde von einem Sturm umgeweht. Doch bald fand sich Ersatz. Nachdem die Jubiläumsausstellung in der Rotunde, ein Ereignis zum Regierungsjubiläum des Kaisers, am 18. Oktober 1898 zu Ende gegangen war, stand da noch ein 27,5 Meter hoher Eisenturm mit Aufzug auf dem Gelände. Der »Ottakringer Verschönerungsverein« zögerte nicht lange, kaufte das Eisengestell (ohne Aufzug) um 35.000 Kronen und stellte es auf. Am 6. Juli 1899, es regnete in Strömen, wurde die neue Warte von Bürgermeister Lueger eröffnet; 300 Leute waren gekommen und der Gesangverein »Ottakringer Liedertafel« stimmte den Chor »Die Himmel rühmen des Ewigen Ehre« an. Freilich, ungetrübt war die Feierlichkeit nicht. Außer dem Regen sorgte eine angekündigte Demonstration sozialdemokratischer Arbeiter gegen Lueger für ein erhöhtes Aufkommen von Wachleuten bei dieser Feier. Rund 100 Sozialdemokraten warteten auf die Rückfahrt Luegers, doch dieser hatte einen anderen Weg genommen und so konnte die konfliktbeladene Begegnung vermieden werden.

Der Vollständigkeit halber wollen wir festhalten, dass die Jubiläumswarte – aus damaliger Sicht – die erste Aussichtsplattform auf Wiener Boden war. Sowohl Stephaniewarte als auch Habsburgerwarte befanden sich seinerzeit auf niederösterreichischem Territorium.

Ein Volksfest im alten Wien

Vom Kirtag zu Brigitta

An den Beginn unserer Zeitreise ins Biedermeier wollen wir ein Zitat aus Franz Grillparzers Erzählung *Der arme Spielmann* stellen, die er gegen Ende des Jahres 1846 vollendete: »In Wien ist der Sonntag nach dem Vollmonde im Monat Juli jedes Jahres samt dem darauffolgenden Tage ein eigentliches Volksfest, wenn je ein Fest diesen Namen verdient hat. Das Volk besucht es und gibt es selbst; und wenn Vornehmere dabei erscheinen, so können sie es nur in ihrer Eigenschaft als Glieder des Volks. Da ist keine Möglichkeit der Absonderung; wenigstens vor einigen Jahren noch war keine.

An diesem Tage feiert die mit dem Augarten, der Leopoldstadt, dem Prater in ununterbrochener Lustreihe zusammenhängende Brigittenau ihre Kirchweihe. Von Brigittenkirchtag zu Brigittenkirchtag zählt seine guten Tage das arbeitende Volk. Lange erwartet, erscheint endlich das saturnalische Fest. Da entsteht Aufruhr in der gutmütig ruhigen Stadt. Eine wogende Menge erfüllt die Straßen. Geräusch von Fußtritten, Gemurmel von Sprechenden, das hie und da ein lauter Ausruf durchzuckt. Der Unterschied der Stände ist verschwunden; Bürger und Soldat teilt die Bewegung. An den Toren der Stadt wächst der Drang. Genommen, verloren und wiedergenommen, ist endlich der Ausgang erkämpft. Aber die Donaubrücke bietet neue Schwierigkeiten. Auch hier siegreich, ziehen endlich zwei Ströme, die alte Donau und die geschwollnere Woge des Volks, sich kreuzend quer unter- und übereinander, die Donau ihrem alten Flußbette nach, der Strom des Volkes, der Eindämmung der Brücke entnommen, ein weiter, tosender See, sich ergießend in alles deckender Über-

> *Der Unterschied der Stände ist verschwunden; Bürger und Soldat teilt die Bewegung.* «

schwemmung. Ein neu Hinzugekommener fände die Zeichen bedenklich. Es ist aber der Aufruhr der Freude, die Losgebundenheit der Lust.

Schon zwischen Stadt und Brücke haben sich Korbwagen aufgestellt für die eigentlichen Hierophanten dieses Weihfestes: die Kinder der Dienstbarkeit und der Arbeit. Überfüllt und dennoch im Galopp durchfliegen sie die Menschenmasse, die sich hart vor ihnen öffnet und hinter ihnen schließt, unbesorgt und unverletzt. Denn es ist in Wien ein stillschweigender Bund zwischen Wagen und Menschen: nicht zu überfahren, selbst im vollen Lauf; und nicht überfahren zu werden, auch ohne alle Aufmerksamkeit ...

Endlich, wie denn in dieser Welt jedes noch so hartnäckige Stehenbleiben doch nur ein unvermerktes Weiterrücken ist, erscheint auch diesem status quo ein Hoffnungsstrahl. Die ersten Bäume des Augartens und der Brigittenau werden sichtbar. Land! Land! Land! Alle Leiden sind vergessen. Die zu Wagen Gekommenen steigen aus und mischen sich unter die Fußgänger, Töne entfernter Tanzmusik schallen herüber, vom Jubel der neu Ankommenden beantwortet. Und so fort und immer weiter, bis endlich der breite Hafen der Lust sich auftut und Wald und Wiese, Musik und Tanz, Wein und Schmaus, Schattenspiel und Seiltänzer, Erleuchtung und Feuerwerk sich zu einem pays de cocagne, einem Eldorado, einem eigentlichen Schlaraffenlande vereinigen, das leider, oder glücklicherweise, wie man es nimmt,

Das bunte Treiben am Brigittakirtag um 1820, »nach der Natur gezeichnet« von Johann Nepomuk Schürer von Waldheim.

Blick von den Donauniederungen mit der
Brigittakapelle auf den Wienerwald und die
Wiener Hausberge im Hintergrund.

nur einen und den nächst darauffolgenden Tag dauert, dann
aber verschwindet, wie der Traum einer Sommernacht, und nur
in der Erinnerung zurückbleibt und allenfalls in der Hoffnung.«

Was Zeitzeuge Franz Grillparzer hier beschreibt, ist
die Anreise – oder der Anmarsch – zum größten Kirtag im
damaligen Wien, und der größte, sprich von der höchsten Zahl
von Pilgern besuchte Kirtag war eben der Brigittakirtag. Damit
keine Irrtümer aufkommen: Der fand nicht bei der Brigittakirche am Brigittaplatz statt, einen Häuserblock entfernt
vom Wallensteinplatz im 20. Wiener Gemeindebezirk. Schon
allein deshalb nicht, weil es diese Kirche damals noch gar nicht
gab. Das nach Plänen des Rathausarchitekten Friedrich von
Schmidt erbaute Gotteshaus wurde erst 1873 geweiht.

Nein, der Kirtag wurde bei der heute eher unbekannten
Brigittakapelle gefeiert. Um zu ihr zu gelangen, biegen wir
von der Adalbert-Stifter-Straße kurz vor dem Friedrich-Engels-Platz nach Norden in die Forsthausgasse ab und erreichen
bald darauf das Forsthauswaldl. Hier wurde die Brigittakapelle

Zur Einweihung der Brigittakapelle
erschien der Kaiser höchstpersönlich. Titelbild
des »Illustrierten Wiener Extrablatt« am
9. Oktober 1903.

im Jahr 1651 vom italienisch-schweizerischen Baumeister Filiberto Lucchesi als achteckiger Andachtsraum für das adelige Jagdpersonal errichtet, neben der Kirche stand ein Forsthaus. Auf diesem in den Donauauen gelegenen und gelegentlich als Jagdgebiet genutzten Areal delektierten sich die Wiener ab 1775 beim Brigittakirtag.

Was wir bisher noch nicht erwähnten: Wie kam besagte Kapelle in dieses mesopotamische Niemandsland? Tatsache ist, dass ihre Errichtung mit dem Vordringen der schwedischen Truppen bis nach Jedlesee im Jahr 1645 zusammenhängt. Laut sagenhafter Überlieferung ereignete sich an besagter Stelle das »Kugelwunder«: Als sich Erzherzog Leopold Wilhelm (1614–1662), der Bruder Kaiser Ferdinands III., in einem Zelt zum Gebet niedergekniet hatte, durchschlug eine schwedische Kanonenkugel die Zeltwand. Da der Erzherzog nicht getroffen wurde, gelobte er, an dieser Stelle eine Kapelle errichten zu lassen. Die, so könnte

»

*Wie kam besagte Kapelle
in dieses mesopotamische
Niemandsland?*

«

man mit einigem guten Willen und gottesfürchtig glauben, mit einem Zelt eine gewisse Ähnlichkeit aufweist.

Doch damals sah diese Gegend vollkommen anders aus. Die Donau war noch nicht reguliert und in verschiedene Seitenarme verzweigt, dazwischen lagen Augebiete, die bei Hochwasser überflutet wurden. Nach Floridsdorf – also Richtung Transdanubien – führte damals überhaupt keine Verbindung, denn von der Kapelle gelangte man mit ein paar Schritten zu einem Seitenarm der Donau, der als »Kaltes Wasser« bezeichnet wurde. Von Döbling aus, also vom Westen, fehlte ebenfalls jeglicher Zugang, Der »Wiener Canal« oder das »Wiener Wasser« – der heutige Donaukanal – trennte Döbling von dem unzugänglichen Augebiet, die zwei Flurnamen »Moslacke« und Halterau« deuten noch auf die ehemalige agrarische Nutzung des Döblinger Gebietes hin. Heute befindet sich dort in etwa die U-Bahn-Endhaltestelle Heiligenstadt. Diese topografischen Gegebenheiten haben uns oben verleitet, den Begriff »mesopotamisches Niemandsland«, also »Zwischenstromland«, einzuführen, der uns für diese vielfältige Aulandschaft nur allzu gerechtfertigt erscheint.

Es taucht damit verbunden die berechtigte Frage auf: Wie pilgerten die Wiener zur Brigittakapelle? – Nun, wir orientieren uns am Text Grillparzers, den er – siehe vorne – kurz vor 1846 verfasste. Auf einer Brücke vor der Stadt warteten demnach die Sänftenträger und die Kutscher. Dabei kann es sich nur um die »Neue Brücke« gehandelt haben, die heutige Augartenbrücke. Von dort aus wurden also regelmäßige Fahr- oder Tragdienste angeboten und wer sich keinen Kutscher leisten konnte, der musste sich im Schweiße seines Angesichtes auf Schusters Rappen vorwärtsbewegen.

Kaum zu erreichen war unser Kirtagsareal von der einzigen Straße, die damals von Wien aus alle Donauarme überbrückte und den schon vorhandenen Floridsdorfer Spitz erreichte. Die führte über die Jägerzeile, die heutige Praterstraße, und weiter über den Praterstern in direkter Richtung nach Norden. Das transdanubische Gebiet muss also dem Cisdanubier wie ein fremder Kontinent in einer abgelegenen Landschaft erschienen sein – und natürlich auch umgekehrt.

Die »Kirchweihfeste« wurden jeweils am Namenstag des jeweiligen Patrons oder der Patronin gefeiert, in unserem Falle am Tag der heiligen Brigitta von Schweden, deren Fest von der Kirche am 23. Juli begangen wird. Der Einfachheit halber fand

Reminiszenzen an Grillparzers »Hafen der Lust«: Sgrafitto des Brigittakirtags von Hermine Aichenegg aus dem Jahr 1951 am Haus Engerthstraße 37, Ecke Friedrich-Engels-Platz.

Ein Postkartenmotiv aus dem 19. Jahrhundert:
das Jägerhaus mit der Brigittakapelle nach
einem Kupferstich, erschienen 1826 bei Artaria.

der Kirtag jeweils am Sonntag nach dem Juli-Vollmond statt
– Chronist Franz Grillparzer berichtet darüber. Unser Kirtag
dauerte in der Regel – mit Nachkirtag – eine ganze Woche. In
den Auen wurden Schenken errichtet und Zelte aufgespannt,
in den Zelten konnten die Besucher bei opulenter kulinarischer
Verpflegung auch nach den Klängen eines guten Orchesters
tanzen. Wer weniger Geld ausgeben wollte, für den spielten
auf den Wiesen rund um die Kapelle Harfenisten, Drehorgel-
oder Dudelsackspieler, sodass auch im Freien getanzt werden
konnte. Selbstverständlich sorgten gezimmerte Tanzböden
und Tanzhütten dafür, dass die Tanzwütigen auf den unebenen
und vielleicht auch gatschigen Wiesen nicht ins Straucheln
gerieten.

Wichtig war natürlich die kulinarische Verpflegung. Entweder beliebten die Kirtagsgäste ihre zumeist fleischliche Kost und die Weinflaschen von zu Hause mitzunehmen und im Freien zu picknicken, oder sie ließen sich in den Zelten vom geschulten Personal verwöhnen.

Auf dem Areal, das von der Obrigkeit kaum zu kontrollieren war, gab es auch Freiräume für weitere Darbietungen: Seiltänzer, Gaukler und Zauberer zeigten ihre Fertigkeiten, in der aufkommenden Dunkelheit mischten sich dann auch manch ungebetene Gäste unter die Menge: Diebe, Falschspieler und Gauner. Was die frommen Pilger im Schutz der Dunkelheit in den lauen Sommernächten in angemessener Entfernung zur Kapelle irgendwo in den Donauauen aufführten, darüber schwieg – Gott sei Dank! – jede Kirtagschronik.

Über sonstige Unglücksfälle berichtet das *Patriotische Tagblatt* vom 28. Juli 1801: »Der diesjährige Brigitta Kirchtag, der allemal auf einer waldigen Wiese hinter dem Augarten an dem Sonntage, wenn das Evangelium Petri Fischzug vorkömmt, folglich diesmal am 21. Juni und den Tag darauf gehalten ward und welchen immer eine unzählige Menge Menschen aller Stände besuchen, die zum Theil ihre Speisen und Getränke aus der Stadt mitbringen – ist auch diesmal nicht ohne Unglücksfälle abgegangen. Am Sonntage entstand eine Schlägerei, wegen des Verbots eines Glückspiels, wobei einige verwundet wurden. Am Montag aber gieng ein Paar Pferde, die an einen sogenannten Zeiselwagen gespannt waren, durch, über Tisch und Bänke, mitten unter das Gewühl der Menschen. Ein Kind blieb gleich todt, etliche erwachsene Personen starben bald darauf und mehrere wurden beschädigt. Die Schuld lag daran, daß die Wägen, Reiter und Pferde, nicht in einer angemessenen Entfernung gehalten wurden, sondern zwischen den fröhlichen auch muthwilligen Volksmassen mitten inne durchziehen und sich aufhalten durften.«

Wenn wir den damaligen Berichten Glauben schenken wollen, so pilgerten Jahr für Jahr über 40.000 Wiener – gut, vielleicht kamen auch ein paar Floridsdorfer dazu, die es mit Kähnen über die Donau geschafft hatten – zur Brigittakapelle, manche Zeitgenossen gaben in himmlischer Zuversicht noch höhere Zahlen an. Auch wenn diese Schätzungen zu hoch gegriffen sind: Gerade im Biedermeier waren »Partien« im Freundeskreis in den Wienerwald äußerst beliebt, und warum sollten die Wiener nicht – mit Kind und Kegel – ausgedehnte

»

Erst sehr spät – 1834 – wurde in der mesopotamischen Vergnügungszone auf dem Pilgerweg zur Kapelle ein auf Dauer projektiertes Etablissement errichtet.

«

Ausflüge in die Donauauen absolviert haben, um dort unbeschwert vom Alltag das Kirtagsfest genießen zu können?

Erst sehr spät – 1834 – wurde in der mesopotamischen Vergnügungszone auf dem Pilgerweg zur Kapelle ein auf Dauer projektiertes Etablissement errichtet. Es stellte durch seine Länge – weniger durch seine Höhe – sowohl die Kapelle als auch das Jagdhaus in den Schatten. Sein Name lautete »Colosseum« – bitte nicht verwechseln mit Schwenders Kolosseum in Fünfhaus – und es stand etwa an der heutigen Ecke Jägerstraße/Zrinyigasse. Der Architekt und Schausteller Carl Hör sorgte dabei für eine Sensation: Er verband 1840 die Stadt Wien – konkret den Platz vis-à-vis vom Rotenturmtor – und sein Colosseum mit einer Pferdeeisenbahn: Zwei Wagen fuhren auf Schienen, die Pferde waren zwischen den Wagen eingespannt und mussten sie teils schieben, teils ziehen. Besagter Carl Hör errichtete damit die allererste Pferdeeisenbahn in Wien. In den Annalen Wiens wird sie jedoch kaum erwähnt, was wohl auf den beschränkten Publikumserfolg jener vielleicht doch etwas mickrigen Pferdeeisenbahn hinweist. Im dritten Betriebsjahr wurde sie auch schon wieder eingestellt und der Betrieb des Etablissements geschlossen. Der einstöckige Holzbau des Colosseums wurde im Jahr 1865 demoliert, auf dem Gelände entstand später ein Betrieb des Molkereiverbands für Niederösterreich.

Zurück zu unserem Kirtag. Auch hier können wir nicht mit einer Erfolgsgeschichte aufwarten – dafür sorgte ein tragisches Ereignis im Revolutionsjahr 1848. Der aus Köln stammende deutsche Politiker Robert Blum (1807–1848), Dichter und Publizist, dann Abgeordneter der Frankfurter Nationalversammlung, weilte im Oktober 1848 in Wien, um die Verteidiger gegen die kaiserlichen Truppen unter Fürst Windisch-Graetz zu unterstützen. Wir machen es kurz: Wien wurde am 31. Oktober 1848 von Windisch-Graetz erobert, Robert Blum am 4. November verhaftet und am 9. November 1848 wegen »aufrührerischer Reden« und Teilnahme am Aufstand standrechtlich erschossen, obwohl er als Deputierter der Frankfurter Nationalversammlung sozusagen amtlich in der Kaiserstadt weilte und Immunität hätte genießen müssen. Der Ort der Hinrichtung: bei unserem Jägerhaus neben der Brigittakirche.

Um einen allfälligen Blum-Kult ein für alle Mal zu verhindern, verboten die Behörden in der Folge den Brigitta-Kirtag – das ausgelassene sommerliche Treiben in den Donauauen war damit zu Ende. Einzig die Brigittakapelle blieb erhalten, in einem adretten kleinen Park, mit Kastanien und Linden und ein paar Bankerln, ein wenig im Schatten des monumentalen Friedrich-Engels-Platz-Hofes. Und ein Sgraffito erinnert noch an den legendären Kirtag im alten Wien: Wir finden es an der Adresse Engerthstraße 37, an einem Eckhaus auf dem Friedrich-Engels-Platz.

Die Brigittakapelle, Wahrzeichen des 20. Bezirks, erinnert an das »Kugelwunder« des Jahres 1645, das Erzherzog Leopold Wilhelm vor dem Tod bewahrte.

2

Von Sportsmen und Kickern

Manchmal wurden die Wienerinnen und Wiener selbst aktiv – etwa beim Radeln oder beim Eislaufen. Zumeist zogen sie die viel spannendere Rolle der Zuseher vor – so beim Kicken oder Reiten.

In der Hauptallee

Von Läufern, Kutschen und Demonstrationen

In den späten 1970er-Jahren lief einer der Autoren (BB) zweimal in der Woche mit Volker Tulzer, dem ehemaligen österreichischen Rekordmann über 1.500 Meter, eine Zehn-Kilometer-Strecke auf der Prater Hauptallee. Volker »Luigi« Tulzer (1940–2005) – seine Bestzeit über die 1.500 Meter betrug 3:42,2 – hatte die Hauptallee schon damals in Eigenarbeit kilometriert. Das penibel geführte »Logbuch« über die damaligen Zeiten warf der Autor anlässlich eines Wohnungsumzuges leider in den Müll, so kann er seine Bestzeit von damals nicht mehr wiedergeben. Der heutige österreichische Rekord über die 10-Kilometer-Distanz beträgt jedenfalls 27:36,46 Minuten, aufgestellt von Günther Weidlinger im Jahr 2008. Für Rekordversucher: Die Hauptallee ist inzwischen offiziell kilometriert.

Springen wir in der Geschichte ein bisschen zurück. In den 1820er-Jahren benutzten viele Adelige die Allee als private Rennstrecke. Rennen mussten freilich ihre Pferde, auf die die adeligen Herren einpeitschten, um im höchstmöglichen Tempo das »Jägerhaus« zu erreichen. Es soll dabei auch zu internen halblegalen Rennen, Wettkämpfen und Hasardritten gekommen sein. Unfälle mit unbeteiligten Fußgängern sind verbürgt. Ja, und das Jägerhaus, das war nichts anderes als das Lusthaus, damals wie heute Treffpunkt der vornehmen Gesellschaft.

Andererseits war das Terrain der Hauptallee damals noch nicht befestigt. Fand eine wilde Jagd statt, wurde im doppelten Sinn des Wortes viel Staub aufgewirbelt. Dadurch fühlten sich die Besucher der an der Hauptallee liegenden Gaststätten immens gestört.

Nun hatte jemand – wer auch immer – einen tollen Einfall: Strafgefangenen wurde befohlen, mit Gießkannen vor

Haupt-Allee. K. K. Prater, Wien II.

Bestens inszeniert und choreografiert: der bunte Blumenkorso auf der schnurgeraden Hauptallee.

den Gaststätten Wasser aufzuspritzen. Der Erfolg dieser von Barmherzigkeit getragenen Aktion hielt sich in Grenzen. Zwar konnten nun die Gäste ihre Biere und Kaffees »unverstaubt« trinken, doch viele Strafgefangenen nutzten die Gelegenheit und verschwanden auf Nimmerwiedersehen in den Tiefen der Praterauen.

Zur selben Zeit diente die Hauptallee auch als Rennstrecke für Läufe, welche die Domestiken der Adeligen mit ihren eigenen Beinen absolvieren mussten. Die ersten offiziellen Rennen dieser Art auf der Hauptallee fanden am 1. Mai im Jahr 1822 statt. Die großen adeligen Familien verfügten über Läufer, die auch als »Vorläufer« bezeichnet wurden. Diese hatten zwei Aufgaben: Erstens liefen sie den Kutschen ihres noblen Chefs voran, wenn dieser eine seiner zahlreichen Reisen unternahm. Sie liefen tatsächlich vor der Kutsche, in einer bunten Livree mit Goldtressen, Samtschnüren und Achselborten; weiters trugen sie einen hohen Hut sowie den Läuferstab. Ihre Aufgabe war es, die Strecke zu sondieren, den Weg zu säubern, wenn etwa normales Volk diesen unstatthaft bevölkerte, und das Erscheinen der Herrschaft anzukündigen.

Und zweitens wurden sie für Botenläufe eingesetzt, da eine öffentliche Post noch nicht existierte. Ihre Pflicht war es, eine Nachricht oder ein Geschenk an einen Hochwohlgeborenen möglichst schnell zuzustellen. So wie moderne Fußballer waren sie Werbeträger ihrer durchlauchtigen Bosse, wie die Kicker mussten sie zwar Blut schwitzen, erhielten aber im Gegensatz zu diesen keine anständige Gage. Im Gegenteil, sie wurden gehalten wie die Pferde der Hochwohlgeborenen, die sich um ihre Lieblingsrösser mit mehr Anteilnahme kümmerten als um ihre Schlachtrosse unter den Läufern. Diese sollen in der Regel ihre Einsätze nur zwei, drei Jahre durchgehalten haben, vielfach erlitten sie Verletzungen, die damals noch nicht richtig diagnostiziert wurden. Manche starben auch daran.

Schon vor den 1.-Mai-Rennen wurde im Prater gelaufen: vom Praterstern zur Mariahilfer Linie und wieder zurück. Dramatisch verlief der Wettbewerb am 20. April 1795: Der Sieger aus dem Hause Pálffy überquerte die Ziellinie und brach dann tot zusammen, ein zweiter Läufer schaffte es gerade noch ins Ziel, fiel aber anschließend in tiefe Bewusstlosigkeit.

Am 1. Mai starteten dann die Rennen auf der Hauptallee. Am Praterstern – Start und Ziel des Laufes – wurden zahlreiche Tribünen aufgestellt, die Zuseher mussten Eintrittsgeld zahlen, zur Anfeuerung spielte eine Militärkapelle schmissige Märsche. Meist starteten zehn bis zwölf Läufer, die adeligen Herrschaften beliebten auf ihren Läufer zu wetten, wie sie es von Pferderennen gewohnt waren. Die Zuseher feuerten die Wettkämpfer mit den Namen ihrer Herrschaft an, also *Hoppauf Pálffy!, Hühott Kinsky!*. Die Strecke verlief, wie der Stadthistoriker Peter Payer berichtet, vom Praterstern über das Heustadelwasser zum Lusthaus und wieder zurück. Die Läufer benötigten für diese Distanz etwa 45 Minuten, als Schnellster galt der für die Schwarzenbergs laufende Franz Wandrusch, der 1845 und im Folgejahr 1846

Die »Vorläufer« adeliger Familien im Wettkampf. Zeitgenössische Karikatur.

» *Die Zuseher feuerten die Wettkämpfer mit den Namen ihrer Herrschaft an, also Hoppauf Pálffy!, Hühott Kinsky!.* «

etwa 40 Minuten benötigte. Freilich war damals die Hauptallee noch nicht in der durchgehenden, schnurgeraden Linie vorhanden, wie wir sie heute kennen. Erst 1867 wurde ein Teil des Heustadlwassers zugeschüttet und planiert und damit war die kerzengerade rund 4,4 Kilometer lange Strecke vollendet.

Vergleiche zu den heutigen Läufern sind schwer möglich. Die damaligen Läufer trugen schwere Uniformen, sie erhielten keine Hinweise von Leistungsdiagnostikern und Sportmedizinern und waren daher zu keinem qualifizierten Training befähigt, das etwa den Aufbau der Muskeln optimieren hätte können. Und gedopt wurde damals höchstwahrscheinlich auch nicht.

Auch mit den heutigen Marathonläufern lassen sich die damaligen Leistungen schwer vergleichen. Diese rennen ja seit dem Jahr 1984 sozusagen Frühjahr für Frühjahr durch den Wiener Prater. Aber zurück zu den Rennen in der Vormärzzeit. Nach der Revolution von 1848 konnte es sich der Adel nicht mehr leisten, seine Domestiken wie Pferde in einen Wettkampf zu treiben. Beim aufgeklärten Bürgertum kollidierten diese Usancen mit den Vorstellungen von Menschenwürde und Humanität. Auch fortschrittliche Journalisten – etwa Moritz Saphir in seiner Zeitschrift *Der Humorist* – äußerten ihre Kritik. So wurden die Wettläufe der Domestiken für immer eingestellt.

Doch nach wie vor blieb die Allee die Korso-Achse des Adels und des mit Vehemenz nachrückenden Großbürgertums, das nach und nach nobilitiert wurde. Vor allem Geburtstage oder Hochzeiten der Familie des Kaisers gaben den Anlass zu publikumswirksamen Feiern. Betrachten wir etwa das Jahr der Vermählung des Kaiserpaares, also 1854. In der Hauptallee wurden 142 Säulen mit Beleuchtungskörpern aufgestellt, und neben dem Kaisergarten – diesen gibt es heute nicht mehr, er gehörte ursprünglich seiner Majestät, dem Kaiser, ganz alleine, wurde 1891 an eine englische Gesellschaft verkauft und lebt nur als sogenannte »Kaiserwiese« heute noch fort – hatte man eine Tribüne errichtet, auf der von Johann Strauß (Sohn) und seiner Kapelle die »Elisabethklänge« uraufgeführt wurden.

Und selbstverständlich durfte auch der durch seine Umzüge auf der Ringstraße berühmt gewordene Hans Makart nicht fehlen: Er stellte 1879 einen pompösen und üppigen Festzug zusammen; Anlass war die Silberne Hochzeit des Kaiserpaares.

Der Trend in der zweiten Hälfte des 19. Jahrhun-

Schauen und Staunen längs der Hauptallee:
der legendäre Blumenkorso vom 29. Mai 1886.

derts führte zum Themenkorso, und kaum ein Thema war beim Hochadel beliebter als »Frühling & Blumen«. Der erste Blumenkorso wurde von Pauline Fürstin Metternich am 29. und 30. Mai 1886 durchgeführt. Die herausragende Charity-Lady und Society-Diva der damaligen Zeit war aufgrund einer gefinkelten Heiratspolitik sowohl Enkelin als auch Schwiegertochter des verhassten Ex-Staatskanzlers Klemens Metternich. Zur Kaiserin Elisabeth gab es große Differenzen: Die Kaiserin legte kaum Wert auf Etikette, die wiederum der Fürstin die Welt bedeutete. Und während Elisabeth die Verwendung von Schminke und Glitter glatt ablehnte, machte die Fürstin daraus eine eigene kostspielige Kunstform. Zurück zum Blumenkorso anno 1886: Auf der Hauptallee fuhren vierspurig die mit vielerlei Blumen geschmückten Kutschen des Adels vom Praterstern zum Lusthaus und wieder zurück. Was hieß da schon geschmückt? Von Arrangeuren wurden die Kutschen dekoriert, von Floristen modelliert. Jawohl, vierspurig, je zwei Spuren in

»

Was hieß da schon geschmückt? Von Arrangeuren wurden die Kutschen dekoriert, von Floristen modelliert.

«

jede Richtung. Machte zusammen etwa 1.000 Kutschen. Nach
Lust und Laune wurde das Hin- und Herkutschieren beliebig
oft wiederholt. Und der Auffahrplan für die Zeremonie ist
sicher wochenlang strategisch ausgetüftelt worden.

Und da das staunende Publikum auch etwas zur Unterhaltung benötigte, so gab man ihm Unterhaltung. Dass Bier
ausgeschenkt wurde, war sowieso klar wie Schnaps. Aber: Es
wurden elektrische Sonnen aufgestellt, geliefert von Siemens &
Halske. Der zarte Teint – übrigens dereinst eine Auszeichnung
des Adels, Stichwort: noble Blässe – konnte so binnen Kurzem
nachgefärbt werden. Für überflüssige männliche Energien standen bereit: Gewichte, die gestemmt wurden, das ist ja nichts
Neues, und Fässer, die geworfen wurden, was für eine Hetz!

Für den Eintritt musste man allerdings blechen, und zwar
nicht zu wenig: Eine Karte kostete 30 Kronen. Allerdings wurde von der Fürstin Metternich der Reinerlös der Veranstaltung
an die Wiener Rettungsgesellschaft gespendet.

Wegen des großen Erfolges wurde der Blumenkorso auch
im Folgejahr wiederholt, am 4. Juni 1887. Von nun an blieb er
sozusagen fixer Bestandteil des Frühlingsfestes, zudem wurden
die damals jeweils topaktuellen modischen Errungenschaften
öffentlich zur Schau gestellt. So konnten die Zuschauer im Jahr
1895 die Luftschiffer- und Athletengruppe des Victor Silberer
bewundern. Victor Silberer, ein begeisterter Ballonfahrer und
Reiter, hatte es durch die Herausgabe von Sportzeitungen zu
beträchtlichem Reichtum gebracht und auf dem Semmering das
heute noch bestehende Silberer-Schlössl errichtet. Karl Kraus
schrieb über ihn: »Er sei nach Amerika gegangen, um die Journalistik, den Sport und das Geldverdienen zu erlernen!«

Im Jahre 1897 erfolgte der erste Radfahrerblumenkorso.
Die Tätigkeit des Radelns war damals – noch vor dem Aufkommen des Automobils – besonders en vogue und wurde
von vielen Radsportvereinen gefördert und gepflegt. Durch
die rasch steigende Popularität des Automobils wurde das Rad
dann jedoch wieder in den Hintergrund gedrängt.

Und dann kam, was kommen musste: der erste Auto-
mobilblumenkorso im Jahr 1925. Die Kutschen mit den schnau-
benden Rössern waren nostalgische Vergangenheit. In der Zeit
nach dem Zweiten Weltkrieg startete man am 12. Juni 1948
mit dem ersten automobilen Nachkriegsblumenkorso, ab 1964
musste man dabei auf Autos verzichten, weil die Hauptallee
nur mehr Fußgängern, Radfahrern und Reitern offenstand.

Der zehnte Korso wurde am 24. Juni 1989 abgehalten. Und zum 250. Geburtstag des Praters im Jahr 2016 fand am 9. April ein Blumenkorso statt. Dabei promenierten geschmückte Kutschen, Oldtimer und Traktoren, unterstützt von einer Vielzahl aus dem gesamten Bundesgebiet angereister Musikkapellen.

Für den vom Adel dominierten Korso auf der Hauptallee sollte sich jedoch noch im 19. Jahrhundert das gesellschaftliche Umfeld radikal ändern: Im Jahr 1890 fand ausgerechnet dort zum ersten Mal die 1.-Mai-Demonstration der Wiener Arbeiter statt, die sich damals für die gesetzliche Durchsetzung des Acht-stundentags engagierten. Nach amerikanischem Vorbild wählte man für den Aufmarschtermin den 1. Mai. Laut Augenzeugen nahmen bei strömendem Regen 100.000 Arbeiter an dieser voll-kommen friedlichen Machtdemonstration teil.

Die Reaktionen auf diesen Marsch der Arbeiterklasse durch das Herz des »feinen Wiens« waren logischerweise zweigeteilt. Einerseits schwärmte die *Arbeiter-Zeitung* vom 9. Mai 1890 – Autor war höchstwahrscheinlich Parteigründer und Arzt Victor Adler – vom neuen »Festtag der Arbeit«: »Wie die Dinge aber immer kommen mögen, sicher ist das Eine: Die Arbeiter Wiens und ganz Österreichs dürfen stolz sein auf ihren großartigen Erfolg; er ist das Resultat redlicher aufopfernder Arbeit. Seit dem 1. Mai sind sie zu einer Macht geworden, mit der die Herrschen-den in Zukunft zu rechnen haben. Eine neue Epoche ungeahnten Aufschwunges der österreichischen Arbeiterbewegung liegt vor uns.« Andererseits war der in seiner Gesinnung stets einer noblen Ästhetik verpflichtete Hugo von Hofmannsthal entsetzt und empört über die demonstrierenden Sozialisten. Seine Wut und Ohnmacht goss der damals 16-Jährige in dieses der literarischen Öffentlichkeit kaum bekannte Gedicht:

1. Mai 1890, Prater gegen 5 Uhr nachmittag

Tobt der Pöbel in den Gassen, ei mei Kind, so laß ihn schrei'n
Denn sein Lieben und sein Hassen ist verächtlich und gemein!
Während sie uns Zeit noch lassen, wollen wir uns schönerm weih'n
will die kalte Angst dich fassen, spül sie fort in heissem Wein!
Laß den Pöbel in den Gassen: Phrasen, Taumel, Lügen, Schein.
Sie verschwinden, sie verblassen, schöne Wahrheit lebt allein.

In der Tat führte die Demonstration der Sozialisten zur Ausrufung der »Terrorstufe 1«: Militäreinheiten wurden im Prater versam-

Erinnerung an einen denkwürdigen Tag: Maiabzeichen 1890.

»

Regierungsvertreter verschiedener Staaten reisten in den Prater, um dieses ungewöhnliche Ereignis zu beobachten und daraus ihre Schlüsse zu ziehen. Und was passierte? – Nichts.

«

melt und Bürgerwehren gebildet, die Regierung überlegte die Einführung des Standrechtes, Regierungsvertreter verschiedener Staaten reisten in den Prater, um dieses ungewöhnliche Ereignis zu beobachten und daraus ihre Schlüsse zu ziehen. Und was passierte? – Nichts. Schon 1890 galt in den Reihen der Sozialisten als eines der wichtigsten Prinzipien die Parteidisziplin, und Victor Adler und seine Mitstreiter achteten sorgfältig darauf, dass die Geschlossenheit des Aufmarsches gewahrt blieb. So konnten alle Störungen durch mit der vorgegebenen Linie Unzufriedenen verhindert werden.

Auch in den nächsten Jahren sollte die Hauptallee am 1. Mai den demonstrierenden Arbeitern vorbehalten bleiben. So schrieb Frederic Morton in seinem Buch *Wetterleuchten Wien. 1913/1914* über die Parade des Jahres 1913: »Jede Fachgruppe der Arbeiterschaft – vom Gießereiheizer über den Fabriksarbeiter bis zum Schuster oder Gerber – versammelte sich am frühen Morgen in verschiedenen Gasthäusern oder Kaffeehäusern. Punkt zehn Uhr marschierten sie los, jede Gruppe in der besonderen Kleidung ihres Berufes, sei es eine Schürze, ein Kittel oder ein Arbeitsmantel. Aber jeder trug im Knopfloch eine rote Nelke, [...] Das Wetter spielte mit, die Sonne schien, es wehte ein frisches Lüftchen, gerade genug, um die Fahnen flattern zu lassen. Singend, marschierend, im Gleichschritt die Banner schwingend, bewegten sich die Massen auf ihren Versammlungsort im Prater zu.«

Das war's aber beinahe schon. Im Frühling 1914 zogen die Arbeiter am 1. Mai noch einmal über die Hauptallee. Mit Beginn des Ersten Weltkriegs stellten sie jedoch ab 1915 ihre Aufmärsche im Prater ein; von nun an mussten sie gegen Serbien, gegen Russland und Italien ziehen.

»Du, wir gehen doch zum Derby?«

Sehen und gesehen werden in der Krieau

Heute denken die Wienerinnen und Wiener, wenn sie »Derby« hören, an Austria gegen Rapid, sprich an die legendären Duelle der zwei großen Wiener Mannschaften. Doch Wikipedia »belehrt« uns über eine weitere Bedeutung des Begriffes: »Er geht zurück auf das 1780 erstmals auf der Epsom-Downs-Rennbahn in England ausgetragene Pferderennen, das als Leistungsvergleich für dreijährige Vollblutpferde vom 12. Earl of Derby begründet wurde. Ihm folgten später vergleichbare Zuchtrennen in anderen Ländern.«

Wir begeben uns in den Prater, dorthin, wo einstens die Rotunde stand, die 1937 abbrannte. Östlich davon hatte man am 29. September 1878 die neu errichtete Rundbahn eröffnet. Eigentlich hätte die Eröffnung eine Woche zuvor stattfinden sollen, doch am 22. September regnete es in Strömen. Und somit sind wir beim Trabrenn-Verein. Selbiger war am 10. April 1874 im Hotel Tauber, Praterstraße Nr. 50, gegründet worden. Freilich gab es schon vorher Pferderennen im Prater, sie fanden jedoch – wo sonst? – auf der Hauptallee statt. Doch 1877 forderte Franz Rückauf, der Vizepräsident des Trabrenn-Vereines, ein eigenes Hippodrom, Präsident war übrigens Graf Kálmán Hunyady. Zweck des Vereines war laut § 2 der Satzungen »die Hebung der Landespferdezucht in Österreich-Ungarn«. Erreicht sollte dieses Ziel unter anderem durch »a) Rennen im Trab, geritten oder ein- und zweispännig gefahren mit Hengsten, Stuten und Wallachen, welche in Österreich-Ungarn geboren sind; b) Rennen im Trab, geritten oder ein- und zweispännig gefahren für Pferde aller Länder; ... « Somit war alles klar und die Wettbewerbe für alle offen. Das Oval maß 1.206 Meter oder, um englische Maße zu strapazieren, 5/4 englische Meilen. Damals liefen die Pferderln noch hintereinander, also eins

Die Spannung ist am Höhepunkt: Auf der
Zielgerade in der Krieau vor der Kulisse der
1937 abgebrannten Rotunde.

nach dem anderen, der gewohnte Anblick von acht Pferden
nebeneinander in einer Reihe kam ebenso erst später wie die
Möglichkeit für die Zuseher, mit verschiedenen Wetteinsätzen
ihr Glück oder ihr Fachwissen zu probieren.

In den frühen 1880ern folgte der Bau der Tribüne. Nach
dem Tod von Hunyady im Jahr 1901 folgte ihm Graf Rudolf
Wrbna-Kaunitz nach. Er sollte in den nächsten Jahren den Verein zu einer Blüte führen. Noch vor dem Ersten Weltkrieg, in
den Jahren 1912 bis 1914, entstanden jene Stahlbetontribünen,
die wir heute – unter Denkmalschutz stehend – kennen. Mit
einem Wort: der WTV, der Wiener Trabrenn-Verein, boomte.

Just in dieser Zeit steigen wir ein und folgen, drei Wochen
vor dem Attentat von Sarajevo, den Ausführungen des Journalisten Ludwig Hirschfeld, eines Redakteurs der *Neuen Freien
Presse*. Hirschfeld leitete zusammen mit Ferdinand Grünecker
seit 1910 das Wiener Possentheater »Max und Moritz«. Als

Schriftsteller sollte er, Jahrgang 1882, dann 1927 mit dem alternativen Reiseführer *Das Buch von Wien und Budapest* in der Reihe *Was nicht im Baedeker steht* einen Wien-Klassiker schreiben. Bekannt sind seine ungezählten Feuilletons, die wöchentlich erschienen. Wir folgen ihnen in Originalzitaten und beginnen mit dem *Derbysonntag eines Minderbemittelten* vom 7. Juni 1914.

Vorweg: Es geht um die Sorgen eines Mannes, der sich gedrängt sieht, mit seiner Partnerin das Derby zu besuchen. »Sie läßt es sich nicht ausreden. Schon seit Monaten bildet das unser hauptsächlichstes Gesprächsthema: ›Du, wir gehen doch zum Derby?‹ Und zwar stellt die junge Dame diese Frage immer im Ton einer sittlichen Forderung, wobei sie nie verabsäumt, auf ein feierliches Versprechen zu verweisen, das ich ihr im verflossenen Winter in einer vorgerückten Redoutenstunde gegeben haben soll. Und bevor ich es noch versuchen kann, mich nicht mehr daran zu erinnern, sagt sie schon:

›Und überhaupt, du bist mir den Derbysonntag längst schuldig. Wir haben heuer so vieles ausgelassen, ich war weder bei ›Parsifal‹, noch in Mariazell, und etwas will ich auch von meiner Jugend haben.‹« Hirschfeld outet sich in weiterer Folge zwar als Single, der aber unumwunden zugibt, die Freizeit gerne in weiblicher Begleitung auszuüben. »Theater, Kabarett, Varieté, das alles muß deux genossen werden, …«. Schweren Herzens ringt er sich durch und bekennt: »Ich beschloß also in einer meiner seltenen edlen Aufwallungen, die junge Dame zum Derby mitzunehmen, obwohl ich es ihr versprochen hatte.« Das Ganze jedoch nicht ohne Dramatik, die er als Angehöriger der schreibenden Zunft perfekt beherrscht und in gekonnter Weise einsetzt. »Um zum Schluß großartiger dazustehen, setzte ich den Streit noch einige Zeit fort, weigerte mich standhaft, ließ sie einige Miniaturtränen vergießen, denn das gibt der Sache mehr Reiz, bis ich schließlich mit dem Achselzucken eines Mannes, der sich resigniert ins Unvermeidliche fügt, erklärte: ›Also gut. Du sollst deinen Willen haben. Es ist zwar ein Leichtsinn, ich tue es nicht gern, es kommt mir nicht aus dem Herzen, aber du sollst deine Jugend genießen.‹«

Doch mit dem Entschluss alleine ist es nicht getan, denn der Besuch eines Derbys hatte zur damaligen Zeit aus Sicht der Damenwelt wohl weniger den Sinn, den Pferden beim Rennen zuzusehen, sondern die holde Weiblichkeit wollte wohl selbst gesehen und beachtet werden. Wir erkennen Parallelen zum

> *Wir erkennen Parallelen zum Korso am Ring, wo es damals auch um sehen und gesehen werden ging.*

Korso am Ring, wo es damals auch um sehen und gesehen werden ging. Für einen Mann hatte das natürlich Konsequenzen, war er doch für die modische Ausstattung seiner Begleiterin zuständig und musste dafür tief in die Geldtasche greifen. Die Vorgaben sind klar: »Das Blauseidene kann ich unmöglich zum Derby nehmen, das ist schon zu gewöhnlich.« Die Antwort, längst geht es hier um typische Machtspiele, wie sie auch heute noch viele Beziehungen prägen, lässt nicht lange auf sich warten: »Mir scheint, du träumst von einer Derbytoilette – bitte, wache auf. Du träumst ganz vergebens. Ja, was glaubst du eigentlich von mir? Liebes Kind, du überschätzest meine Durchfälle. Ich bin ja kein erfolgreicher Librettist, dem es auf einen fremden Stoff mehr oder weniger nicht ankommt. Entweder du gehst blauseiden zum Derby oder gar nicht.« Nur zur Richtigstellung: Wenn Hirschfeld hier von »Durchfällen« spricht, meint er damit keineswegs Verdauungsstörungen, sondern erfolglose Theaterstücke.

Nachdem nun die erste Vorrunde zum Derby, die Kleidungsfrage, erledigt ist, folgt die zweite Hürde: Wie kommt man zum Derby? Eine günstige Möglichkeit wäre die Straßenbahn

Sehen und gesehen werden: das Derby in der Freudenau als Treffpunkt der High Society.

gewesen, konkret der 80er, der damals von der Rotundenbrücke zum Lusthaus fuhr. Doch damit konnte, sprich durfte sich eine Dame, die es sich zum Ziel gesetzt hatte, beim Derby gesehen zu werden, wohl nicht begnügen. Hirschfeld wäre eine Fahrt mit der Straßenbahn wohl recht gewesen. »Vor allem gibt es eine glänzende Verbindung mit der Straßenbahn, wo man, soweit es die Überfüllung gestattet, auch die Wiener Volksseele belauschen kann. Man hört ungefähr folgende Sätze: ›In Magen brauchen S' mi net stoßen. – Der dort hinten stoßt, i stoß nur zruck. – Sö zahlen a net mehr als wia i. – Mein Gott, zerdrucken S' mir dös Kind net. Aber Frau, was wollen S' denn mit den Bamperletsch beim Derby? – So a ungebildeter Mensch.‹«

Dass die Dame, ob es seine Herzensdame oder nur eine Dame für gewisse (Derby)stunden war, werden wir wohl nie wissen, sich dafür nicht begeistern konnte, überrascht niemanden. »Für diesen Plattformhumor schien sie jedoch nicht viel Sinn, zu haben, auch nicht für die landschaftlichen Reize einer Dampfschifffahrt von der Weißgärberlände aus, obwohl ich bei der Schilderung mit den üppigsten Farben nicht sparte – beim Schildern spare ich nie.« Also setzt Hirschfeld auf PS, sprich auf Pferdestärken. »... so bleibt nichts übrig, als der Idee einer Fiakerfahrt näherzutreten.« Damit ist ein Zweispänner gemeint, so wie wir sie auch heute kennen, darauf kam es damals an; »zweispännig [...] das ist die Hauptsache.« Doch Hirschfeld denkt nicht an den noblen und teuren Fiaker der Innenstadt, sondern an den billigeren der Brigittenau, dessen Erscheinungsbild er uns nicht länger vorenthält. »Er rollt nicht auf Pneumatiks, sondern auf Vollreifen, und die sind schon zur Hälfte abradiert, und die zwei schlechtgenährten Gäule blicken so verstimmt drein, als ob sie in Hafer à la baisse spekuliert hätten. Der Kutscher trägt einen ehemaligen Sakkoanzug, ein färbiges Hemd mit weichem Kragen, auf dem Haupt ein sogenanntes Gollaschreindl und macht im ganzen den Eindruck, als ob er an Wochentagen Chef einer unrentablen Platte wäre.«

Endlich angekommen, geht es erst richtig los. »Als besserer Mensch geht man natürlich in den Aktionärraum. Es kostet wohl zwanzig Kronen, aber es ist das Entreebillett in die gute Gesellschaft, und man kann den Plaque bis in die Nacht hinein sichtbar tragen und sich dadurch als besserer Mensch legitimieren, was manchem sonst nicht so leicht fällt. Mit jedem Bekannten führt man dasselbe Turfgespräch, ohne eine Ahnung zu haben, begutachtet die Pferde, Reiter, Gewichte und

WETTRENNEN in der FREUDENAU WIEN.

In der Freudenau fanden seit 1839 Pferderennen statt, 1858 wurde in Anwesenheit des
Kaisers die Tribüne eröffnet.

Chancen, bis einem vor lauter Pedigrees und Odds ganz dumm
im Kopf wird. Und da man fortwährend die Turfmaschine häm-
mern hört und das Gedränge bei den Kassen sieht, wo die Menschen gleichsam flehentlich ihre Banknoten hinreichen, so wird
man hypnotisiert, alle prinzipielle Abneigung geht zum Teufel,
man eilt hin und wird im letzten Moment noch glücklich einige
Zehner los. Denn wenn man nicht wenigstens ein bißchen

verliert, so freut einen doch das Ganze nicht.« Wer meint, alles sei überstanden, irrt, wie wir erfahren. Jetzt – nachdem die Aufmerksamkeit nicht mehr den im Kreise laufenden Pferden gewidmet ist – stehen wieder die Äußerlichkeiten im Blickpunkt des weiblichen Interesses. »Bisher war es das Rennen der Dreijährigen, jetzt beginnt die viel schärfere Konkurrenz der Zwanzig- und Dreißigjährigen. Auf den beiden Tribünen gibt es Unerhörtes zu sehen, mehr, als man der geduldigsten Schneiderin schuldig bleiben kann. Der Anblick solcher vierstelliger Toiletten verdirbt die unschuldigste Konfektionsseele, und man ist froh, wenn man seine Dame glücklich vorübergelotst hat, ohne daß man sich zu zärtlichen Schwüren in Crepe, Liberty oder Charmeuse hinreißen ließ.« Als Mann hat man wahrscheinlich ohnehin schon längst resigniert und sich dem weiblichen Schicksal ergeben, was bleibt einem denn auch anderes übrig? »Auf den Schrecken nimmt man dann die Jause beim Büfett, wo es aufmerksamste Selbstbedienung gibt. Der Kaffee ist ein bißchen teuer, eine Krone, aber wahrscheinlich steht das in einem tieferen Zusammenhang mit der Hebung der österreichischen Pferdezucht. Es folgt die Praterfahrt, das Souper im gleißenden Hotelspeisesaal, und da die Saison jetzt ohnehin zu Ende ist, so beschließt man sie würdig, wie man sie begonnen hat, in der Bar, im Nachtlokal bei Champagner und Furlanatanz.«

Am Ende kommt Hirschfeld, der seine literarischen Ausführungen mit dem Untertitel »Ein Kostenvoranschlag« versehen hat, auf folgendes Ergebnis: »Und wenn ich jetzt einen Strich mache und den Kostenvoranschlag addiere, so ergibt sich für den Derbysonntag ein Erfordernis von 250 bis 300 Kronen. Bitte, das ist gar nicht viel, das ist sogar sehr bescheiden, der richtige Derbysonntag eines Minderbemittelten. So viel brauchen alle, die hinunter fahren, die mittleren Beamten, Advokaten, Kaufleute, mit einem Wort, die Leute, die sich das ganze Jahr hindurch viel zu viel zumuten, und an diesem Sonntag noch mehr. Und wie sieht dann erst der Derbysonntag eines wirklich Wohlhabenden und Reichen aus?«

Fast auf den Tag genau drei Jahre später, am 10. Juni 1917, greift Hirschfeld dieses Thema in selbiger Zeitung wieder auf, und zwar mit dem Titel *Bescheidener Derbysonntag*. – Renn-

»
Als Mann hat man wahrscheinlich ohnehin schon längst resigniert und sich dem weiblichen Schicksal ergeben, was bleibt einem denn auch anderes übrig?
«

programm eines Sparsamen. Freilich, die Zeiten hatten sich grundlegend geändert. Es war Krieg. War Wien auch nicht Ort der Kampfhandlungen, so hatten die Wiener wenig zu lachen und wenig zu beißen. Lebensmittel waren knapp, rationiert und kaum zu erhalten, vom einstigen Glanz des Fin de Siècle war so gut wie nichts geblieben. »Freilich, man hat andere Sorgen im Sinn, und es ist nicht richtige Derbystimmung wie einst, wo dieses große Rennen nicht bloß in der Freudenau, sondern in der ganzen Stadt gelaufen wurde.« Freilich, die Freude, sprich die Vorfreude an den Pferden, war geblieben, wie uns der Feuilletonist glaubhaft vermittelt. »Das ganze Jahr hindurch mache ich mir nicht so viel aus Pferden. Ich kümmere mich nicht um Sport und Turf, weder um Odds noch um Pedigrees, ich reite und kutschiere nicht und habe überhaupt keinerlei hippologische Beziehungen, höchstens daß ich dann und wann ein paar heiße Würstel esse. Durch das tägliche Leben bewege ich mich recht und schlecht, nämlich zu Fuß oder mit der Straßenbahn, und begnüge mich mit einem kleinen Stall von gut zugerittenen Steckenpferden. Aber immer um diese Zeit, in der ersten Juniwoche, ändert sich das. Da wird meine bescheidene Fußgänger- und Fahrgastexistenz plötzlich durch die Frage beunruhigt: Wer wird heuer das Derby gewinnen?« Und in ähnlicher Weise wie 1914 nimmt er 1917 alle Hürden am Weg zum Derby. Doch der Reihe nach. »Das Derbyprogramm beginnt beim Kleiderkasten. Er ist vollgestopft mit alten Kleidern, und die sind jetzt wie Antiquitäten: Sie werden jedes Jahr wertvoller. Es ist ja doch gut, daß man den Zylinder von Anno 1914 und das längst glatt gewordene rauhe Modejaquet nicht verkauft hat, und in einem Winkel träumen auch die Modelackschuhe in leicht gerunzelter Nachdenklichkeit von vergangenen Zeiten. Vor drei Jahren wäre diese Derbygarnitur unmöglich gewesen, heute, wo es allgemein üblich ist, feine alte Kleider und Anschauungen aufzutragen, ist sie direkt hochelegant.« Der nächste Punkt war: Wie kommt man hin, »die Beförderungsart«. Der Krieg schaffte Fakten: »Es bleibt also nichts übrig, als die Straßenbahn ...« Plan B wäre die Bildung einer Fahrgemeinschaft gewesen, doch dazu hätte es eines Fahrzeuges, sprich eines Autos bedurft. Diese waren damals, zumindest in gewissen Kreisen, zwar vorhanden, aber rar. Hirschfeld bedauert, keine Bekannten mit

» *Lebensmittel waren knapp, rationiert und kaum zu erhalten, vom einstigen Glanz des Fin de Siècle war so gut wie nichts geblieben.* «

Auto zu kennen, zeichnet aber von diesen wenigen Bemittelten nicht unbedingt ein positives Bild. »Schade, daß in meinem Bekanntenkreis lauter einfache, brave Menschen sind und gar kein Kriegsgewinner. Es ist ja eine Schande, aber ich kenne faktisch keinen Menschen, der Pelzwesten oder Konserven erzeugt, Rollmöpse importiert oder schlechte Schuhe fabriziert.«

Viele werden auch des Schusters Rappen benutzt haben, um in die Freudenau zu gelangen. Und dann konnte es losgehen. Auch in der Freudenau wurde deutlich leiser getreten. »Anschauen kostet nichts, und so beobachtet man das Gewimmel, sieht außer der Konkurrenz der Dreijährigen die der Zwanzig- und Dreißigjährigen, bewundert die Derbytoiletten, die heuer gewiß fünffaches Geld kosten. ...« Sei die Not auch noch so groß, so kommt man nicht um die Wette. »Setzen muß man unbedingt, denn wenn man nicht einmal verliert, macht einem das Ganze keinen Spaß. Gewohnheitsmäßig setze ich jedes Jahr blindlings viermal zehn Kronen auf Sieg und zwanzig Kronen auf Platz, und wenn dann abgeläutet wird, könnte ich mich ruhig entfernen.« Hirschfeld, der sechzig Kronen verliert, erweist sich als Fatalist: »... ich denke mir halt, ich hätte mir ein Paar neue Schuhe gekauft.«

Finale und Höhepunkt des Derbysonntags war stets ein gehobenes Essen, das »Derbysouper«, in einem Ringstraßenhotel, Gewinne wie die Verluste konnten so magenfüllend realisiert werden. Beschließt Hirschfeld den Abend 1914 bei seinen Überlegungen noch »bei Champagner«, zeigt sich 1917 die ernüchternde Realität des Weltkriegs in voller Härte. »Aber das wird diesmal schwer sein. Das Derbyfeld ist gut besetzt, aber die Speisekarte zeigt ein kleines Feld von wenigen Genüssen und fragwürdigen Outsidern.«

Derby? Sind Sie geneigte Leserin, geschätzter Leser auch auf den Geschmack gekommen, so wie wir? Bleiben wir dran, wir wollen's noch einmal wissen. Gott sei Dank lässt uns unser liebgewordener Derby-Feuilletonist nicht im Stich. Am 10. Juni 1934, also fast auf den Tag genau zwanzig Jahre nach dem ersten Derby-Feuilleton, wurden wir – natürlich wieder in der *Neuen Freien Presse* fündig. *Burschis erstes Derby,* so der Titel, ist an seinen Sohn, einen »jungen Mann von siebzehn, weltgewandt und gesellschaftssicher« gerichtet. Die Bedeutung des ersten Derbybesuches für den jungen Mann ist gleichbedeu-

> *Setzen muß man unbedingt, denn wenn man nicht einmal verliert, macht einem das Ganze keinen Spaß.*

tend mit dem ersten Ball für junge Damen – dies sei vorausgeschickt, um die damalige gesellschaftliche Stellung besser einschätzen zu können. Und so folgen Tipps in vertrauter Reihenfolge beginnend mit Kleidung und Anreise. »Erscheine ruhig in grauem Hut und grauem Anzug, aber, bitte, ohne helle Gamaschen: Diese Kleidung hat den Vorteil, daß Du mit der Straßenbahn in die Freudenau fahren kannst, denn wenn man einmal drin ist, sieht man es keinem Besucher an, wie und wodurch er heruntergekommen ist.« Wir wollen auf die Doppeldeutigkeit des letzten Nebensatzes hinweisen, die wir so sehr an unserem Feuilletonisten schätzen. Bei seinen Tipps für den Umgang mit den dort verweilenden Menschen, den Adabeis, der Society, und jenen, die nur so tun, als ob sie ein Teil davon wären, wollen wir nur einen Satz herausgreifen, der uns sehr an unsere eigene Jugend erinnert. »... grüße so viel Du nur kannst. Nach links und rechts, nach vorn und hinten: Meine Verehrung, meine Ergebenheit, denn wir kommen wieder in eine heftige Gruß- und Respektszeit hinein.«

Start zum Traberderby in der Krieau anno 1919
vor dem alten Zielrichterturm.

Erste Bicycle-Lektion

Geschichten von frühen Radlern

Radeln hat immer Saison, das galt auch für Saisonen, als der durstige Radler in den Gaststätten noch keinen Radler bestellen konnte. Sagen wir um 1880. Das erste von Tausenden von Schaulustigen besuchte Radsportereignis wurde am 29. Mai 1870 im Prater auf dem Stuwer'schen Feuerwerksplatz abgehalten. Bei diesem Großereignis fanden insgesamt sieben Rennen statt, unter anderem eines für Knaben. Zwei dieser sieben Rennen gewann ein gewisser Friedrich Maurer, der in seinem Hauptberuf überraschenderweise Fahrräder erzeugte. Die Presse reagierte ein wenig verschnupft: »Von Herrn Maurer, welcher das Velocipede nach Oesterreich brachte, und damals schon auf dem ›Reitrade‹ excellierte, hat dieser Sieg nicht überrascht. Wohl aber, dass er, dem dieser Preis von Haus aus sicher war, sich von einer Art von Eitelkeit so hinreißen ließ, seine Gegner auf unverhältnismässige Art zu distanzieren. Kommt noch ein ähnliches Rennen zu Stande, hat sich Herr Maurer als Concurrent unmöglich gemacht.« (*Wiener Salonblatt,* 5. Juni 1870).

Wie können wir uns diese verwegenen Herrenreiter vorstellen, denen der Sattel des Pferdes zu altmodisch und der Betrieb der Ställe zu aufwendig war und die auf die Sattel ihrer Niedrigräder umstiegen und kräftig in die Pedale traten?

Nun, die Mitgliedschaft in einem Bicycle-Club kam in Mode: Es wurde *in English* gefachsimpelt und auf spezielle Herrenkleidung Wert gelegt. Präsident des »Ersten österreichischen Vélocipède-Vereins in Wien« wurde der k. k. Hofzahnarzt Dr. Friedrich Berghammer, die Geschäftsstelle des Vereins befand sich in der Walfischgasse.

Doch sollte das »Reitrad« die sportbegeisterten Herren nicht völlig in den Bann ziehen, der gesellschaftlich anerkannte Durchbruch sollte um ein paar Jahre aufgeschoben werden.

Ein früher Meister seines Fachs:
Adolf Schmal (1872–1919) gewann 1896 in
Athen Gold im olympischen 12-Stunden-Rennen
und legte dabei 314,997 km zurück.

Filigrane Stahlkonstruktionen: Am besten man fuhr
auf den Hochrädern einfach immer geradeaus.

Als mögliche Gründe können aufgezählt werden: Die
Polizei hatte die Benützung der öffentlichen Straßen verboten,
die Bicyclisten durften nur auf speziellen Pisten oder Bahnen
in den Sattel steigen. Manche Ärzte warnten auch vor Herz-
krankheiten, die sich speziell allzu flinke Radfahrer zuziehen
könnten. Wir sehen hier Parallelen zu den ersten Eisenbahn-
fahrten um 1840. Auch hier wiesen Ärzte darauf hin, dass
Geschwindigkeiten von 30 km/h möglicherweise zu Kreislauf-
erkrankungen der Bahnpassagiere führen könnten.

Zudem sollte ab 1880 ein neuer, aus England kommender
voluminöser Radtypus die Aufmerksamkeit auf sich ziehen: das
Hochrad. Selbiges wurde vor allem vom umtriebigen Sport-

journalisten Victor Silberer propagiert, der abseits des Hoch-
rades durch zwei Aktionen bekannt wurde: Zum einen ließ er
für sich auf dem Semmering das heute nicht mehr benutzte
»Silberer-Schloss« oder »Silberer-Schlössl« errichten, eine
altdeutsche Ritterburg mit Türmen, Erkern und Zinnen. Zum
anderen wurde er durch einen Satz von Karl Kraus bekannt:
»Er sei nach Amerika gegangen, um die Journalistik, den Sport
und das Geldverdienen zu lernen.«

Von Karl Kraus zurück zum Hochrad. Die 7/8 Zoll dicken
Kautschukreifen – Vollgummireifen! – boten dem Fahrer das
Gefühl der Sicherheit, er konnte auf geraden Strecken relativ
hohe Geschwindigkeiten erreichen. Jedoch waren Kurven,
Wende- und Bremsmanöver extrem gefährlich und führten
bei ungeübten, aber auch bei geübten Fahrern regelmäßig zu
Stürzen.

Im Juni 1882 wurde auf dem Wiener Trabrennplatz sogar
ein Rennen veranstaltet. Die filigranen Stahlkonstruktionen
der Hochräder wurden dabei als *ordinaries* bezeichnet, und die
Fahrer auf diesen *ordinaries* belächelten mitleidig jene Zeitgenossen, die auf den *safeties,* also auf den normalen Rädern, auch
ein wenig despektierlich »Niederräder« benannt, im Schweiße
ihres Angesichtes in die Pedale traten.

Doch nach fünf bis sieben Jahren war die Zeit des Hoch-
rades vorbei, das von nun an nur mehr als Kuriosum wahrgenommen und vor allem bei speziellen Darbietungen im
Zirkus verwendet wurde. Jetzt war seine Zeit angebrochen: Der
Radtourist – und wir wollen uns auch sprachlich vom Safety-
Fahrer verabschieden –, der Radtourist sollte in den Neun-
zigerjahren die Straßen in und vor allem rund um Wien
erobern.

Zuerst mussten zwei Dinge passieren. Erstens: Die
öffentlichen Straßen wurden den Radlern zur Benutzung frei-
gegeben, und zweitens: Die Radfahrer konnten die bequemen,
mit Luft gefüllten Gummiräder verwenden, die noch dazu mit
einer Rollenkette verbunden wurden. Im Jahr 1887, im Alter
von 47 Jahren, konstruierte im fernen Dublin ein gewisser
John Boyd Dunlop, von Beruf Tierarzt, seinen ersten luftge-
füllten Gummireifen, zunächst umwickelte er die Räder mit
Stoffstreifen aus einem Kleid seiner Frau. Folgende Anekdote
wird kolportiert: Dunlop konstruierte den Luftreifen, damit
das Dreirad seines elfjährigen Sohnes keinen Lärm verursache
und dieser bei Rennen gegen seine Freunde bessere Chancen

habe. Für seinen Filius wickelte er aus dünnen Gummischichten zusammengeklebte Schläuche um die Räder und pumpte die Hüllen mit einer Fußballpumpe auf. Die erste erfolgreiche Probefahrt absolvierte Dunlop junior am 28. Jänner 1888. Und am 7. Dezember 1888 meldete Dunlop das Patent für den ersten Fahrradluftreifen an.

Mit den neuen Luftreifen konnten die Radler bequemer und ausdauernder in die Pedale treten. Doch Achtung: Noch stieg man nicht zu Hause in den Sattel und radelte zur Arbeit oder gar ins Wirtshaus. Nein. Die Fahrt auf dem Rade galt als schickes Vergnügen der gehobenen Gesellschaft, als mondänes Lifestyle-Attribut, fernab von den Niederungen des grauen Alltags. Wie die von uns verwendete Bezeichnung »Radtourist« bereits nahelegt, fuhren die Radler bestimmte Touren, von Wien etwa in die Wachau oder zum Semmering, allerdings entzieht es sich unserer Kenntnis, ob sie auch bis zur Passhöhe hinaufradelten. Und sie radelten selbstverständlich nicht alleine oder mit dem Arbeitskollegen – zur weiblichen Radlerei werden wir später kommen – nein, sie radelten geschlossen im

Clubhaus im Jugendstil: das 1898 von Joseph Maria Olbrich errichtete Gebäude des Radfahr- und Tennisklubs der Hof- und Staatsbeamten in der Rustenschacherallee 7.

»

*Fast jeder Beruf hatte seinen
Verein, in geschlossenen Gruppen
radelten die Ärzte und die Apotheker und die Fleischhauer und
die Bäcker und so weiter.*

«

Verein. Sie waren eine fix eingeschworene Gruppe mit ihren Regeln, Gesetzen und einer eigenen Sprache; sie grüßten einander mit »All Heil!«

Zu diesem Zweck gab es in Wien in den 1890er-Jahren an die 300 Radvereine. Fast jeder Beruf hatte seinen Verein, in geschlossenen Gruppen radelten die Ärzte und die Apotheker und die Fleischhauer und die Bäcker und so weiter. Fernerhin bildeten bestimmte Betriebe ihre Betriebsradvereine, so gab es etwa einen eigenen Staatsdruckerei-Radfahrer-Club. Und dann gab es weiters innerhalb von Wien die orts- oder grätzelbezogenen Vereine und Klubs, die sich wiederum in die verschiedene Berufsgruppen aufteilen konnten, da sie im damaligen Jargon »ständisch« organisiert waren. Auf 300 Radvereine kann man da leicht kommen.

Erwähnen wollen wir nur noch den Radfahr- und Tennisklub der Hof- und Staatsbeamten. Er hatte ein ganz besonders feines Klublokal. Erbaut wurde es im Jahr 1898 von Joseph Maria Olbrich, der uns auch die Secession hinterließ. Wer es sehen will, möge in der Rustenschacherallee 7 einen Blick durch den Zaun werfen.

Und die Bicyclistenvereine – um wieder den englischen Ton zu verwenden – gaben auch wie schon angedeutet die dressing codes vor. Wir zitieren Petra Sturm aus dem Buch *Motor bin ich selbst. 200 Jahre Radfahren in Wien:* »Kurze knappe Jacke, Hosen bis kurz über die Knie und mit gestärkten Sitzteilen, ein Hemd aus reinwollenem Tricotstoff oder englischem Flanell, Wollstrümpfe, Halbschuhe aus leichtem Leder. Dazu Schlips, Ledergürtel, Handschuhe gegen Staub und Wind und eine halbkugelförmige Radfahrerkappe mit Schirm oder in Form von Reisemützen.«

Und die Radfahrerin? Jetzt stoßen wir auf ein Problem. In den damaligen gesellschaftlichen Kreisen war es verpönt, sich als Dame auf den Sattel eines Drahtesels zu setzen. Und das nicht nur wegen des Tragens von Hosen, das einem Stilbruch in den bürgerlichen Sitten gleichkam. Nein, es regten sich seltsame Begründungen: Das Radeln schädige die Gebärmutter, das Radeln bewirke eine schlechte Körperhaltung und anderes mehr.

Als dann in den späten 1890er-Jahren in den Vereinen doch die ersten Damen an den Touren teilnahmen, trugen sie zumeist Rockkostüme, die als Mischung aus Rock und Hose gelten konnten, nur wenige zogen sehr weit geschnittene Frauenoberhosen, genannt *bloomers,* oder Knickerbocker über ihre feschen Beine. Dazu trug die elegante Dame einen Sporthut; zur Wahrung der noblen Blässe war auch ein Schleier gefragt.

Zurück zu den Vereinen. Es gehörte nicht zu ihren Aufgaben, Wettrennen durchzuführen. Nein. Sie organisierten Ausflüge, also Touren. Sie gaben Tourenbücher heraus, in denen die von Mitgliedern getesteten Straßen oder Strecken beschrieben wurden. Sie empfahlen Reparaturbetriebe und Gasthäuser. Und sie organisierten Radkurse für jene, die den Sattel bisher nur auf Pferden vermuteten.

Zu unterscheiden von den Tourenfahrern sind die Rennfahrer, die an äußerst spektakulären Radrennen teilnahmen. Als eines der ersten Distanzrennen gilt die Fernfahrt Wien–Triest, die zum ersten Mal am 24. September 1892 gestartet und deren Länge mit 500 Kilometern angegeben wurde. Diese Fernfahrt führte größtenteils über die alte Reichsstraße von der Donaustadt in die Hafenstadt an der Adria. Die Radler mussten dabei erst den Semmering und sodann auch den Karst überwinden. Über 400 freiwillige Posten waren an der Reichsstraße postiert, da ja die meisten der Radler den Streckenverlauf nicht kannten. Und Hunderte, ja Tausende von Schaulustigen warteten in den zu durchradelnden Orten auf die »Helden der Reichsstraße«. An den wichtigsten Punkten der Strecke waren zudem Reporter postiert, die mit Telegrammen den Wiener Zeitungen mitteilten: Wer liegt zurzeit in Führung, wer liegt schwer verletzt nach einem Sturz auf der Straße und wer streitet gerade mit einem misstrauischen Fuhrwerksbesitzer.

Zu guter Letzt siegte ein gewisser Josef Sobotka; er benötigte für die gesamte Distanz 28 Stunden und 45 Sekunden. Hinter ihm reihte sich Otto Wokurka mit 28 Stunden, 1 Minute und 20 Sekunden ein. Grund für die lange Dauer: Die Radler zankten mit Kutschern, tratschten mit Zusehern, speisten ausgiebig – und mussten Interviews geben. Zum Vergleich: Der Schnellzug S.Z. 4 benötigte für dieselbe Distanz vom Wiener Südbahnhof nach Triest im Jahr 1915 genau 12 Stunden und 45 Minuten.

Bei diesem Rennen radelte ein Slowene namens Janez Puh mit, der sich damals allerdings bereits »germanisiert« hatte und Johann Puch nannte. In der steirischen Hauptstadt

Elegante Kleidung auch am Bicycle: Szene mit
Radfahrerin am Franz-Josefs-Kai vor dem nicht
mehr existierenden Hotel Métropole.

Graz hatte er eine Firma gegründet, die auf die Produktion von Fahrrädern spezialisiert war. Johann Puch war damals gerade 31 Jahre alt und galt nicht als Spitzenfahrer, sondern als *pacemaker* – man sprach englisch – seines Teams. Und sein Team, das war das Puch-Team, also eine Firmenmannschaft, die auch aus werblichen Gründen an dieser strapaziösen Tour – der Strapazur – teilnahm.

Nicht bekannt ist die Zeit, die der damalige Firmenleiter benötigte. Allerdings ist überliefert, dass er sich bei diesem Rennen ein Lungenleiden zuzog und dieses auch zu seinem relativ frühen Tod am 19. Juni 1914 führte. Damals war die Firma Puch in Graz bereits auf den Bau von Motorrädern spezialisiert.

»Neigierig bin i, wos i no ollas in die Händ' nehma muaß!«: Altmeister Johann Puch im Sportblatt des »Morgen« vom 4. April 1910.

Der 1. Preis des Floridsdorfer Radfahrclubs für den Touren-preis 1909.

Hinweisen wollen wir auch auf Einzelfahrten: Ein gewisser Adolf Schmal startete am 1. April 1894 von Wien nach Paris. Im Jahr 1896 sollte der gebürtige Deutsche erster österreichischer Olympiasieger werden. Bei den erstmals stattfindenden Olympischen Spielen der Neuzeit, die in Athen ausgetragen wurden, gewann er nach zwei dritten Plätzen über 333 m und 10.000 m Sprint das »12-Stunden-Rennen«. Ein Hoch dem »goldenen« Adolf Schmal, der sich später als Journalist auch »Schmal-Filius« nannte und bis heute der einzige österreichische Olympiasieger im Radsport blieb.

Nicht mit olympischen Lorbeeren schmücken konnte sich der »Radtourist« Heinz Kurz. Er startete am 15. Juli 1894 – also dreieinhalb Monate nach Adolf Schmal – um vier Uhr in der Früh auf dem Wiener Stephansplatz inmitten einer kaum überschaubaren Menschenmenge zu einem spektakulären Rad-Abenteuer. Zehn Tage später sollte er das Ziel seiner Tour erreichen: das damalige Konstantinopel.

Zu den leidenschaftlichen Radtouristen zählten auch so manche Literaten und Schauspieler des ausgehenden 19. Jahrhunderts. Bekannt für sein Faible zum Rad war der sonst wenig sportbegeisterte Arthur Schnitzler, der am 13. Juni 1893 in seinem Tagebuch notierte: »Erste Bicycle-Lektion.« Kurz darauf legte er mit Bravour seine Bicycle-Prüfung ab, war Mitglied gleich bei zwei Radfahrervereinen und bestellte sich 1897 in England ein neues Rad mit allen technischen Finessen. Hoch zu Rad unternahm er verschiedene Touren, von Wien in die Brühl, aber auch von Ischl aus in die nähere Salzkammergutumgebung. Mit Schnitzler radelten in der Sommerfrische unter anderem Theodor Herzl, Felix Salten und der junge Hugo von Hofmannsthal.

Eine zweite ambitionierte Radlergruppe bildete sich – große Überraschung – im Burgtheater. Max Burckhard agierte von 1890 bis 1898 als Direktor des k. k. Hofburgtheaters, unter seiner Ägide erfolgte im Jahr 1895 die Uraufführung von Schnitzlers *Liebelei*. Und dieser Max Burckhard avancierte abseits des Burgtheaters zum besessenen Radler, der auf seinen Touren unter anderem Alexander Girardi, Hermann Bahr und die Burgtheaterschauspielerin Adele Sandrock mitnahm. Adele Sandrock würden wir eigentlich im Team um Arthur Schnitzler wähnen, mit dem

»

Bekannt für sein Faible zum Rad war der sonst wenig sportbegeisterte Arthur Schnitzler, der am 13. Juni 1893 in seinem Tagebuch notierte: »Erste Bicycle-Lektion.«

«

sie eine turbulente Affäre hatte. Derart kommen wir wieder zu Schnitzler zurück, der in einem Brief an seinen Freund, den Dichter Richard Beer-Hofmann, schrieb: »Genau auf der Grenze von Baiern und Tirol sauste uns ein unheimlich gekleideter Bicyclist mit einem Dolch, Lederhosen, Zugschuhen, nackten Knien, weißem Flanellhemd, keiner Cravatte, Lodenhut entgegen, und war der Burckhard.«

Aber nicht ewig frönte man dem Radeln. Die Zäsur kam mit dem Ersten Weltkrieg: Die Radler stiegen von ihren Drahteseln und verschwanden in den fernen Schützengräben. Und nach dem Krieg, in der neu gegründeten Republik, sollte das Fahrrad im Abstellkammerl der Geschichte bleiben: Das Automobil wird von nun an auf den Wiener Straßen seinen mehr oder weniger ungebremsten Siegeszug antreten. Das Radl, um einen etwas weniger vornehmen Ausdruck zu verwenden, blieb nur mehr als nützlicher Gebrauchsgegenstand übrig, den die Arbeiter zu täglichen Fahrten in die Arbeit benutzen. Dabei gehorchten sie eher der Not, denn der Überzeugung. Und mit dem allmählichen sozialen Aufstieg des Proletariers stieg er auch ebenso allmählich auf andere Verkehrsmittel um: Erst auf das Motorrad und danach setzte er sich ins Automobil.

Die radlerische Fortbewegung wurde von der sozialdemokratischen Parteiführung auch nicht als proletarische Errungenschaft bezeichnet, sie stand dem radelnden Arbeiter neutral oder sogar distanziert gegenüber: Die Priorität galt dem Ausbau der öffentlichen Verkehrsmittel, sprich der Straßenbahn und nicht dem Insistieren auf individuelle Fortbewegungsmittel, die Kraftaufwand erforderten.

> » *Die Radler stiegen von ihren Drahteseln und verschwanden in den fernen Schützengräben.* «

Abgesehen vom Einsatz als täglicher Gebrauchsgegenstand wurde das Fahrrad gern bei Veranstaltungen und Aufmärschen verwendet. Zudem schätzte man die Radler, weil sie ohne große Aufwendungen Propagandamaterial unters Volk bringen konnten. So bezeichnete man die im ARBÖ organisierten Radler als die »Rote Kavallerie«.

Trotz der oben erwähnten Skepsis der Parteiführung wollen wir dem Parteigründer Victor Adler gratulieren. Der damalige Ehrenpräsident des ARBÖ, Leopold Hauer, brachte ihm das Radfahren bei und stellte ihm ein »Reifezeugnis« aus. Leider konnten wir keine Bilder finden, die Victor Adler auf einem Fahrrad zeigen.

Stolze Radfahrer und
Radfahrerinnen posierten
mit ihrem Bicycle gerne für
den Fotografen.

Eisflirts & Schlittschuhvirtuosen

Wintervergnügen am Eislaufplatz

Der bahnbrechende Erfolgslauf des Eislaufens, das damals allerdings als »Schleifen« bezeichnet wurde, begann in Wien am 16. Jänner 1868. An diesem Tag gastierte der amerikanische Kunstläufer Jackson Haines (1840–1876) auf der Eisfläche des Wiener Eislaufvereines (WEV). Und dieser Mister Haines muss dort gesaust, gehüpft, gewirbelt sein, dass den zahlreichen Zusehern an diesem kalten Wintertag sprichwörtlich der Atem stockte. Diese quicken und rapiden Sprünge auf dem glatten Eis sollten die einheimischen »Sportsmen« so richtig auf die anfänglich noch zaghaften Sprünge gebracht haben.

Freilich übten sich bereits vor 1868 so manche Wiener in der Kunst des »Schleifens«. Sie stammten aus den Kreisen des Adels und des Großbürgertums. Zwar war das Eislaufen auf öffentlichen Plätzen oder zugefrorenen Teichen verboten, doch fanden die interessierten Wiener für das neue Wintervergnügen einen Ausweg, um nicht das Wort »Ausrutscher« zu verwenden: Sie liefen auf dem Wiener Neustädter Kanal, der ja in den Wienfluss mündete. Partien von Wien bis nach Laxenburg – und wieder zurück – sollen ein winterliches Spezialvergnügen gewesen sein.

Schließlich wurde am 7. Februar 1867 der Wiener Eislaufverein gegründet, sprich: das Gesuch um die Gründung wurde eingereicht. Und sage und schreibe bereits am 14. Juni desselben Jahres wurde der Gründung von der zuständigen Niederösterreichischen Statthalterei (Wien gehörte zu Niederösterreich) auch zugestimmt. Damals hatte der WEV jedoch nur vierzehn Mitglieder, alle aus dem Hochadel oder dem aufstrebenden Großbürgertum.

Und bereits ein Jahr nach der Gründung sollte unser amerikanisches Springinkerl sein wirbelndes Schaulaufen

Der legendäre Eiskunstlaufpionier
Jackson Haines bei einer seiner
spektakulären Figuren.

ausüben. Wo fand dieses statt? Der WEV hatte auf dem ehemaligen Winterhafen des Wiener Neustädter Kanals – also in der Nähe des Hauptzollamtes – eine Fläche gemietet, die er durch einen Abflusskanal bewässern durfte. Und bei günstigen Bedingungen, also bei eiskaltem Wetter, fror der ehemalige Winterhafen zu: Für ein paar Tage konnten die wackeren Eisläufer mit Bravour ihre Runden drehen.

Die Eisrevue unseres Jackson Haines erwies sich als imposanter Publikumsmagnet: Er musste seine Auftritte auf dem glatten Eis fünfmal wiederholen. In späteren Jahren agierte er auch als Trainer für die anzulernenden Eisflitzer auf dem Platz des WEV.

Und die *Wiener Zeitung* berichtete am 27. Jänner 1868: »Die gestrige Production des Schlittschuhvirtuosen Herrn Jackson Haines war unter allen, die bisher stattfanden, die interessanteste. Schon die Staffage bot ein auffälliges Schauspiel dar. Barrieren und Dämme waren von einer dichten Menschenhecke garniert, hinter der sich erst noch eine förmliche Wagenburg erhob, und selbst auf den kahlen Bäumchen am Chausseerande wußten sich lockere Zugvögel in Gestalt behender Straßenjungen ein sicheres Plätzchen zu verschaffen. In dem umfriedeten Raume hatte sich die Elite der Residenz so zahlreich eingefunden, daß lange vor Beginn der Production die Casse geschlossen werden mußte. Die plötzlich eingetretene Kälte hatte auch das Terrain so vortrefflich präparirt, daß dem graciösen Eistänzer die Möglichkeit geboten ward, seine eminenten Forcetouren mit geradezu bewunderungswürdiger Eleganz und Sicherheit auszuführen. Der Beifall war stürmisch.«

Bei besagter Veranstaltung am 16. Jänner 1868 hätten wir drei Zuseher sichten können, die uns sicher interessiert hätten. Zum einen – große Überraschung – delektierte sich Kaiser Franz Joseph I. höchstpersönlich an der Darbietung. Sein Urteil über Jackson Haines ist der Nachwelt nicht bekannt. Im Sattel eines Pferdes dürfte er sich jedoch sicherer gefühlt haben als auf den Kufen eines Schlittschuhes.

Zum anderen hätten wir einen gewissen Carl von Korper begrüßen können. Nun, dieser Schüler des amerikanischen Genies erwies sich als großer Theoretiker der neuen Disziplin. Er systematisierte die Bewegungsabläufe auf dem Eis, er unterteilte sie in bestimmte Abschnitte, den Figuren, und er gab den Figuren auch Namen: So entstanden der »Bogen«, der »Schlangenbogen«, der »Dreier«, der »Doppeldreier« und die »Schlinge«. Wir hören noch später von ihm. Carl von Korper wurde Präsident des WEV.

Nein, den »Axel« kreierte Korper nicht, schließlich hieß er Carl und der Axel ist nach einem Axel Paulsen benannt, der ihn erstmals 1882 sprang. Der »Axel« ist also ein Sprung wie der »Rittberger« oder der »Lutz«. Und der »Doppeldreier« ist eine Figur, die von Carl von Korper definiert wurde und über die er in illustrierten Lehrbüchern schrieb. Seine eisige Bewegungslehre sollte sich bald international unter der Bezeichnung »Wiener Kunstlaufschule« durchsetzen. Doch wir würden in weiterer Fortsetzung über eine neue Sportdisziplin berichten müssen, den Eiskunstlauf. Stattdessen wollen wir uns wieder dem normalen Publikumslauf widmen, also dem winterlichen Freizeitvergnügen so mancher Wienerinnen und Wiener.

Apropos Freizeitvergnügen: Noch einer besuchte die legendäre Eisschau am 26. Jänner 1868: Ein Hernalser Wachstuchfabrikant, genauer der Eigentümer einer Wachsleinwand- und Kunsttapeten-Fabrik namens Eduard Engelmann. Auch er war von dem neuen Vergnügen so angetan, dass er vorerst im Garten seines Grundstückes an der heutigen Jörgerstraße 26 durch Aufspritzen von Wasser bei günstigem, sprich eisigem Wetter, eine Eisfläche anlegte. 1871 erhielt Engelmann einen Gewerbeschein für die Benützung einer Eisbahn, und da zu seinem Leidwesen die Wachstuchfabrik überhaupt nicht florierte, stellte er 1876 deren Betrieb ein. Von nun an spezialisierte er sich auf den Ausbau der Eisbahn. In der Zwischenzeit verfügte er über zwei Becken, die ein schleifbarer Verbindungsweg verband, der »Suezkanal«. Die »Engelmann-Arena« war entstanden. Papa Engelmann marschierte an Eistagen persönlich über den Platz, um mit Schneeschieber, Eishobel und einer Gießkanne für eine saubere Eisfläche zu sorgen.

Auch seine Kinder Eduard junior und Christine konnte der alte Engelmann für seinen Eistraum begeistern. Er starb 1897, doch über die weitere Entwicklung später.

Zurück zum WEV, also zum Wiener Eislaufverein, mit seiner Fläche auf dem ehemaligen Winterhafen des Kanals.

Winterliche Freuden auf der 1909 erbauten Kunsteisbahn Engelmann in Hernals.

Stets stieg die Anzahl seiner Mitglieder. Waren es 1870 über 1.000 Personen, so konnte der Verein 1892 bereits über einen Mitgliederstock von 5.000 Personen verfügen. Und ähnlich wie bei den Pferderennbahnen benötigten die Eisrutscher einen repräsentativen Hofpavillon. Diesen errichtete der Ringstraßenarchitekt Carl von Hasenauer; die Eröffnung erfolgte eine Saison nach der Show des Amerikaners im Dezember 1868. Der Eislaufverein und sein Pavillon entwickelten sich bald zu einer Bühne, die man aus gesellschaftlichem Anlass besuchte: Es galt zu sehen und gesehen zu werden. Zu den illustren Mitgliedern, die sich auf dem Eis produzierten, zählte man etwa den Freiherrn Albert von Rothschild, den Thronfolger Erzherzog Ferdinand oder Theodor Ritter von Taussig, den Vorstand der Israelitischen Kultusgemeinde, um nur einige zu nennen. Und noch etwas: Auch Frauen durften sich aufs rutschige Eis wagen. In der Anfangszeit wurden sie von ihren Kavalieren auf Schlitten übers Eis gezogen, doch ab den 1880er-Jahren gehörten Schlittschuh laufende Frauen zum Alltag. Der Eislaufverein veranstaltete auf dem Eis aufwendige Bälle, Feuerwerke und Kostümfeste. Und die *Neue Freie Presse* schrieb am 12. Jänner 1896: »Wenn ein Fremder in Wien fragt, wo der größte Ballsaal zu finden ist, wo die schönsten Mädchen im gefälligsten Putz sich zu den feurigsten Weisen im Kreise drehen, wo die lebenslustige Jugend sich im Fasching austobt – man könnte nicht wahrheitsgetreuer antworten als: Beim Eislaufverein!«

Natürlich war auf der ach so rutschigen Eislauffläche etwas möglich, was im damaligen Alltag noch sehr kompliziert war: Man konnte sozusagen im Rutschen mit dem anderen Geschlecht anbandeln. Und die *Neue Freie Presse* verwies in weiterer Folge auf bestimmte Parallelerscheinungen: »Die Mütter unterschätzen keineswegs des Eislaufplatz als Heiratsmarkt. Erstens wird auf die Eislauftoilette der jungen Heiratscandidatin mindestens ebenso viel Sorgfalt und sogar mehr Geld verwendet als auf eine Balltoilette. Wie die gedrechselten Püppchen drehen sie sich im Kreise, in kostbaren Stoffen und Pelzen – in Sammt und Chinchilla, die Röcke mit anmuthigem Faltenwurf und abstechendem Seidenunterfutter, die von vornherein auf das Schweben und Drehen, das Gleiten und Fliegen im Schlittschuhtanz berechnet sind.«

»

Man konnte sozusagen im Rutschen mit dem anderen Geschlecht anbandeln.

«

Der alte Eislaufplatz des Wiener
Eislaufvereins im Bereich des heutigen
Bahnhofs Wien Mitte.

Kurz zurück nach Hernals zur Engelmann-Arena. In der
Zwischenzeit hatte der Sohn des »Papa Engelmann«, Eduard
Engelmann Junior (1864–1944) die Leitung übernommen.
Und dieser junior erwies sich als richtiger Tausendsassa: So
wirkte er als Ingenieur, Radfahrer und selbstverständlich als
Eisläufer.

Am 10. November 1909 eröffnete er die erste Kunsteisbahn der Welt. Der Zugang erfolgte ums Eck über die heutige
Syringgasse. Christine Syring war die Ehefrau von Engelmann
senior, also die Mutter von Engelmann junior. Besagter Junior
ließ Rohre in Schlangenlinien verlegen, die eine Gesamtlänge
von mehreren Kilometern aufwiesen und mit einem Kältemittel
(Ammoniak) versorgt wurden. Die aufliegende Platte konnte
durch Wasserzufuhr vereist werden, sodass der Winterbetrieb
durchgängig, also auch bei etwaigen Plustemperaturen, durchgeführt werden konnte.

In jenem Jahr, in dem die erste Kunsteisbahn der Welt in Hernals eröffnet wurde, kam sozusagen ums Eck – in der Mayssengasse 21 – am 17. Mai 1909 Karl Schäfer auf die Welt. Schmächtig und zart von Gestalt, zeichnete er sich durch Gewandtheit und seine tänzerischen Bewegungen aus – vor allem auf dem Eis, also in der Engelmann-Arena. Bereits 1923 avancierte er dort zum vielbejubelten Publikumsliebling, der bei seinen Sprüngen und Drehungen die Gesetze der Schwerkraft praktisch außer Kraft setzte. Auf Anraten von Christa, der Tochter von Engelmann junior, trat er bei einem Kostümfest als Rosenkavalier auf, das Kostüm wurde von seiner Frau Christa selbst entworfen. Der Beifall für den kleinen Karli soll nicht endend gewesen sein.

Nun, besagter Karli sollte später seine Christa heiraten und somit Bestandteil der Engelmann-Dynastie werden. Zum anderen wurde der filigrane Tänzer – doch das sollte bekannt sein – zweimal Olympiasieger und siebenmal Weltmeister im Eiskunstlauf. Karl Schäfer war somit einer der erfolgreichsten Sportler Österreichs des 20. Jahrhunderts. Allerdings fallen auch Schatten auf seine erfolgreiche Karriere: Er trat bereits 1933 der NSDAP bei und schaffte es sogar zum SA-Sturmführer. Nach dem Krieg musste er nach zwei Prozessen als Geschäftsführer der von ihm gegründeten Eisrevue zurücktreten und arbeitete »entnazifiziert« als Trainer in den USA und in Österreich.

Abschließend zur Dynastie Engelmann: Jedes Mitglied dieser eislaufenden Privatfirma sollte auf dem blanken Eis national und international reüssieren. Wir wollen nur auf eine Läuferin verweisen: Christine Engelmann, Tochter von Engelmann senior und nicht zu verwechseln mit der oben genannten Christa, verheiratete Szabo, selbst Eisläuferin, hatte eine Tochter namens Herma (1902–1986). Diese wurde als Herma Szabo ebenfalls Olympiasiegerin und mehrfache Weltmeisterin. Bekannt und beliebt wurde sie durch ihr kurzes Rockerl – diese Trikotform sollte sich von nun an bei den Damensportbewerben durchsetzen.

Ein Abschlusssatz zur Engelmann-Arena: Noch heute kann man an besagter Adresse in der Syringgasse eislaufen – allerdings nicht zur tiefen Ebene, sondern im ersten Stock: auf dem Dach eines Großkaufhauses.

Wir wollen nun den Eisläufer wissenschaftlich kategorisieren. Zu diesem Zweck zitieren wir eine Studie des Eisläufers

Legendär und einzigartig: Karl Schäfer,
Doppelolympiasieger und siebenfacher
Weltmeister, zeigt einen seiner spektakulären
Sprünge (1936).

> *Er nährt sich durchschnittlich von Tee mit Rum, heißen Würsten und Stingl-Stangln.*

Julius Edlhofer, die wir in dem Buch *150 Jahre Wiener Eiszeit, die große Geschichte des Wiener Eislaufvereines* gefunden haben. »Der Eisläufer gehört zu den Säugetieren und ist hauptsächlich über die nördliche Hemisphäre unseres Erdballs verbreitet. [...] Von Natur aus gutmütig, darf man ihn jedoch nicht reizen, sonst wird er wild. Er nährt sich durchschnittlich von Tee mit Rum, heißen Würsten und Stingl-Stangln, an kalten Tagen verkriecht er sich gern in die Bufett- und Garderoberäume, denn er ist nur Plus-Temperaturen gewöhnt. [...] Er bewegt sich zwei- oder vierbeinig auf der sogenannten Kunsteisbahn, weil es oft eine Kunst ist, dort weiterzukommen.«

In der Folge unterscheidet Julius Edlhofer folgende Gattungen: Den »Randler«, den »Schleifer«, den »Tanzbären«

Die Figuren, im wahrsten Sinn des Wortes, am Platz des WEV inspirierten auch Künstler.

Bis 1899 war der alte Platz des Wiener
Eislaufvereines ein beliebter gesellschaftlicher Treffpunkt.

(»zwischen 6 und 8 Uhr wird der Tanzbär wild, denn die Musik regt ihn auf«) sowie den »Schnelläufer« (»ist eine der schwerst zu beschreibenden Gattungen, weil er immer davonläuft«).

Nach diesem Abstecher in die Wissenschaft wieder zurück zum Wiener Eislaufverein, dem WEV. Beinahe wäre eine Tragödie passiert: Jenes Gelände auf dem ehemaligen Winterhafen mit dem von Carl von Hasenauer errichteten Pavillon passte nicht mehr in die städtebaulichen Planungen des hochverehrten Oberbaurates Otto Wagner. Dieser begann in den 1890er-Jahren die »Untere Wientallinie« der Stadtbahn zu errichten, und die Trasse der Stadtbahn kollidierte ausgerechnet mit dem Eislaufplatz des WEV. Im Jahr 1893 wurde der Pachtvertrag gekündigt, wiewohl noch bis zum Jahr 1899 weitergeflitzt und geschleift wurde, dann folgte das endgültige Aus.

Doch die Tragödie fand nicht statt. Durch die Planungen Otto Wagners wurde der bis dahin frei fließende Wienfluss eingewölbt. Auf dem dadurch entstandenen Gelände zwischen Johannesgasse und Lisztstraße, auf dem »Heumarkt«, öffnete zunächst eine städtische Gärtnerei ihre Pforten. Genau dorthin sollte auch der Eislaufverein ...

Dieser Heumarkt ist offenbar bis heute eine Projektionsfläche, auf der überdimensionierte Bauten gut gedeihen.

Der Nachfolger Karl Schäfers
als Weltmeister: Felix Kaspar
gewann 1937 in Wien
und 1938 in Berlin Gold.

Nein, wir sprechen nicht von umstrittenen modernen Projekten, sondern von einem multifunktionalen Gesamtkonzept. Das hätte ab 1897 von Ludwig Baumann, dem Schwager des WEV-Präsidenten Carl von Korper – ja, derselbe, der die oben erwähnten Bücher über das Eislaufen verfasste –, realisiert werden sollen. Ein riesiger Pavillon mit wahrhaft olympischen Maßen, eine weite Eisfläche, ein Konzerthaus. Und der Komplex hätte einen würdevollen Namen erhalten: *Olympion.*

Doch wie bei vielen Großprojekten ging bei den Betreibern allmählich das Geld aus, und als »Olympion light« wurde vom schon erwähnten Architekten Baumann nur der Eislaufplatz samt einem Vereinsgebäude errichtet; der Eingang befand sich gleich neben der Stadtbahnstation Stadtpark und erhielt die Adresse Johannesgasse 28. Am 6. Jänner 1901 folgte die allseits bejubelte Eröffnung des neues Eislaufplatzes, zahlreiche Vertreter des öffentlichen Lebens verfolgten das Geschehen auf dem Eis als Zuseher.

Über die Beweggründe so mancher Eisläufer auf dem Heumarkt schreibt die Zeitschrift *Sport & Salon* vom 26. Dezember 1914: »Ist nicht Amor überhaupt der Regent dieses Platzes? Gewiß für das junge Volk, das vormittags zwischen 12 und 1 Uhr und abends nach sechs Sport und Flirt so angenehm verbindet. [...] Mögen die Mütter und Gouvernanten immerhin sich am Ufer blaue Nasen holen oder angestrengt durch die Scheiben des Wartezimmers spähen – der Eisflirt ist eine geheiligte Einrichtung. Freundschaften werden hier geschlossen, die oft nicht nur für eine Eissaison vorhalten; und nicht wenige gibt es, die den Eislaufplatz dem Tanzsaal vorziehen.«

Ja, und wer wissen will, wie alles so kam und wie man eine »Haynes-Piroutte mit tiefer Kniebeuge« macht, dem sei folgendes Buch von 1881, das auch als Reprint vorliegt, empfohlen: *Spuren auf dem Eise – Die Entwicklung des Eislaufes auf der Bahn des Wiener Eislauf-Vereines* von D. Diamantidi, Dr. C. v. Korper & M. Wirth.

Der schönste Lido zum Anbandln

Das Gänsehäufel

»Man ist nicht prüde im Gänsehäufel und es wird viel für den Anschauungsunterricht getan. Dabei herrscht die idealste Demokratie und keinem hohen Herrn fällt es ein, etwa mit seinen Orden bekleidet aufzutreten. Jedermann genießt hier Ansehen und besonders was hübsch ist, wird fleißig angesehen. Es kommen im Familienbad auch viele Verlobungen zu Stande und man hat die Gewißheit, die Katze nicht im Sack zu kaufen.« Ob und inwieweit diese Zeilen der *Wiener Caricaturen* vom 23. Juni 1912 auch heute noch stimmen, mögen Sie geneigte, Leserin, geneigter Leser, selbst entscheiden. Wir indes drehen das Rad der Zeit mehr als hundert Jahre, bis ins 19. Jahrhundert, zurück.

Mit der Regulierung der Donau in den 1870er-Jahren änderte sich viel. Der Fluss erhielt ein neues Bett, jenes, das wir heute als Donau bezeichnen. Der einstige Hauptarm war damit quasi »verkehrsberuhigt«, er wurde zur Alten Donau. Größere Sandbänke, sie hießen Haufen, bildeten willkommene Refugien. Gänse, die sich auf einem der Haufen angesiedelt hatten, wurden zu Namenspaten unserer transdanubischen Donauinsel, die wir als Gänsehäufel kennen. Bald kamen Menschen und entdeckten diese kleine Welt. Einer der ersten, der hier Platz für seine Ideen fand, war der Waldviertler Naturguru und Gesundheitsapostel Florian Berndl. Der clevere Mitvierziger pries in den späten 1890er-Jahren seine Künste als »Specialist in Hühneraugen Frostballen-Behandlung«. Als Honorar pro Visite nahm er einen Gulden außer Haus, als Adresse gab er als »em. Krankenpfleger und Badediener im k. k. allgemeinen Krankenhause in Wien« die noble Innenstadt, Singerstraße 8, im 3. Stock, Tür 18, an. Ab 1900, nunmehr in der Laudongasse 32, 1. Stock, gemeldet, nannte er sich »Naturheilkundiger«, pachtete einen Teil der Insel und eröffnete in der nächsten Saison

Florian Berndl (Mitte) vor der »Villa Berndl« im
Gänsehäufel mit seiner Frau, den beiden Söhnen
und drei Badegästen, um 1906.

ein Körperpflegeheim. Unter dem Titel »Robinson's Eiland«
lesen wir über den ersten Wiener Hippie Details: »Mitten in
der großen Donau liegt eine ziemliche umfangreiche Insel, die
bis vor einigen Monaten noch von keinem Menschen betreten
worden war. Der erste Ansiedler aus dieser ist Herr Florian
Berndl, der das Eiland von der Douauregulirungscommission
erwarb, nicht um die Cultur dorthin zu verpflanzen, sondern
um darauf eine Anstalt für Sand- und Sonnenbäder zu errichten. Um den Verkehr mit dem Festlande zu ermöglichen, hat
Herr Berndl einige Boote angeschafft, welche bei der Insel vor
Anker liegen.« (*Neues Wiener Journal,* 14. Dezember 1900).

Berndl selbst wohnte in einem Refugium, das den selbst-
bewussten Namen »Villa Berndl« trug – im Grunde eine Hütte
aus Holz und Schilf, an der Robinson Crusoe seine Freude
gehabt hätte. Vorstellen dürfen wir uns Berndl wohl wie den

Die Wasserrutsche war ein Publikumsmagnet
im Gänsehäufel.

legendären Waluliso, sein Pendant aus dem ausgehenden 20.
Jahrhundert, ein Freigeist, der freie, naturverbundene Lebens-
weise predigte, aber von anderen bald als Spinner bezeichnete
wurde. Legendär und auch in vielen Karikaturen zu sehen sind
seine Sandbäder. Doch Berndls Inselparadies war bald kein
Geheimtipp mehr, auch die renommierte *Neue Freie Presse* hatte
ihn entdeckt und berichtete über ihn sehr positiv. »Viele Freunde des Naturheilverfahrens dürfte es interessiren zu erfahren,
daß die auf den menschlichen Organismus so vortheilhaft
wirkenden Sand- und Sonnenbäder auch bei uns auf einer Insel
und doch noch im Bereiche der Großstadt genommen werden
können. Dieselben befinden sich auf der durch das alte Donau-
bette gebildeten Insel ›Gänsehäufel‹ im zweiten Bezirk, dem
Franz-Josefs-Land gegenüber. Der Aufenthalt auf derselben,
fern vom Getriebe der Stadt, in staubfreier Luft, wirkt an sich
schon beruhigend auf unsere Nerven ein. Das Verdienst, diese
allerdings noch im Anfangsstadium der Entwicklung stehende
Anstalt ins Leben gerufen zu haben, gebührt Herrn Florian

»

»Ausziehen, ausziehen!«, rief er, so oft ich ihm begegnete; »schauen Sie mich an, ich bin schon seit acht Stunden nackt. Das ist eine Wohltat!«

«

Berndl in Kaisermühlen; die ärztliche Leitung versieht Dr. Leopold Winternitz. Man gelangt an diesen weltabgeschiedenen Ort in 20 Minuten von der Tramway-Remise in der Kronprinz-Rudolphstraße bei Benützung der elektrischen Bahn, welche von dort bis Kaisermühlen fährt.« (8. August 1902).

Damit hatte er es geschafft; Berndls Naturheilparadies Gänsehäufel war rasch dem Status des Insidertipps entwachsen. Viele Wiener Intellektuelle und Bürgerliche fanden Gefallen an seinen Ideen. Sie kamen und ließen sich von Berndl, dem »Sanddoktor«, und seinen Jüngern mit Sand zuschaufeln. Max Burckhard, gewesener Burgtheaterdirektor von 1890 bis 1898, kam ebenso wie der Dichter Hermann Bahr oder der Chirurg Anton von Eiselsberg. Natürlich durfte der Bohemien Peter Altenberg, der ein Jahr jünger als Berndl war, auch nicht fehlen. Wie es wirklich war, erfahren wir vom Feuilletonisten Eduard Pötzl, der allerlei authentische

Bitte lächeln! An diesem Gruppenfoto vom Gänsehäufel erfreuen wir uns auch im 21. Jahrhundert.

Gruss vom Gänsehäufel.

Momentan bestaune ich die „alten" u. neuen Wunder des „Gänsehäufels" ohne „Tricot"!

DER SCHÖNSTE LIDO ZUM ANBANDLN

97

Beobachtungen überlieferte. Er schreibt, dass »das Publikum der
Insel meist dem guten Bürgertum angehört« und der Umgang
hier »durchaus frei von jeder Frivolität ist«. Und das auf einer
Insel, wo alle sich so bewegten, wie sie Gott geschaffen hatte.
Hier herrschten eigene Gesetze, an die sich neu Ankommende
zu halten hatten. »Als unliebsame Ausnahme wird vielmehr
auf der Insel der bekleidete Mensch betrachtet. Ich trieb mich
längere Zeit in den Kleidern umher und erhielt jeden Augenblick
von Unbekannten den guten Rat, mich nur geschwind auszu-
ziehen. Insbesondere ein steinalter Herr mit gichtischen Beinen
war mir ein rechter Quälgeist. – »Ausziehen, ausziehen!« ,rief
er, so oft ich ihm begegnete; »schauen Sie mich an, ich bin schon
seit acht Stunden nackt. Das ist eine Wohltat!««

Dass in dem verwegenen Treiben so manche Spießbürger
einen Sündenpfuhl, einen Ort der Freizügigkeit orteten, mag
uns wenig verwundern. Um seinem Geschäft Gewicht und
Bedeutung zu geben, berief sich Florian Berndl auf den damals
schon berühmten Sebastian Kneipp. Selbiger konnte sich dagegen kaum wehren, war er doch 1897 verstorben. Das wach-
sende Misstrauen, die Unterstellungen, vielleicht war es auch
Neid oder aber auch der aufkeimende Gedanke, dass dieser Ort
wohl auch von der Kommune selbst zu nützen wäre, führte
dazu, dass Berndls Pachtvertrag 1905 gekündigt wurde.

Ordnung muss sein:
links das Frauenbad, rechts
das Herrenbad.

**Großer Andrang vor der Kasse beim
Einlass zum Gänsehäufel.**

Was geschah dann? Richtig geraten, die Stadt Wien
wurde aktiv und eröffnete am 5. August 1907 das städtische
Strandbad am Gänsehäufel. Und wer wurde Bademeister? Man
mag es kaum glauben, der vorher gekündigte Florian Berndl!
Doch die Stadtväter hatten hier auch einiges umgekrempelt.
Zum einen stellten sie zwei Fähren zur Verfügung, die gratis
die Badegäste übersetzten, zum anderen war es mit dem freien
Eintritt auf die Insel vorbei. Auf den Überfuhren wurden Bade-
karten verkauft, das waren Fahrschein und Eintrittskarte in
einem. Besitzer solcher Karten waren berichtigt, sich legal auf
der Insel aufzuhalten. Wenige Tage vor der Eröffnung lesen wir
einschlägige Zeilen: »Das Verbot des Betretens der Insel durch
hiezu nichtberechtigte Personen wird als das einzige Mittel
erklärt, um auf dem ziemlich ausgedehnten und stark bewach-
senen Territorium mit den heutigen, geradezu ›anarchistischen‹
Zuständen aufzuräumen. Das jetzt übliche Wildbaden und
Herumlaufen ohne jede Kleidung wird auf keinen Fall mehr
geduldet werden.« (*Illustrierte Kronen Zeitung,* 21. Juli 1907).
Mischen wir uns doch unter die Journalisten, die bei der Presse-
besichtigung geladen waren. Mit bei der Pressefahrt waren die
beiden Vizebürgermeister Porzer und Hierhammer, mehrere
Stadt- und Gemeinderäte, die Bezirksvorsteher Geiblinger
und Anderer, Magistratsräte und eben zahlreiche Vertreter der
Wiener Tagespresse. Auf einer mit Girlanden geschmückten

Plätte fuhr die Gesellschaft zur Insel, Bademeister Florian Berndl empfing sie. Man besichtigte die Sand-, Luft- und Wasserbäder in den vier Abteilungen: Damenbad, Herrenbad, Familienbad sowie die Kinderheil- und Erholungsstätte, ehe es dann zum Buffet ging. Hier stieß man mit einem dreimaligen Hoch auf Bürgermeister Dr. Lueger an, schickte ihm ein Begrüßungstelegramm und Ansichtskarten – so war das damals üblich. Mit einem Wort: Im August 1907 war am Wiener Grado, mit dem Lido von Kagran, der Grundstein zu einer Erfolgsstory gelegt worden. Die Tatsache, dass es hier eine – wenn auch bescheidene – Infrastruktur zum Baden gab, dass hier im Gegensatz zu den Flussbädern in der Donau und am Donaukanal das stehende Wasser wärmer war, und noch viele andere Gründe führten zu einem vorher nicht geahnten Erfolg. Das Gros der Wiener Bevölkerung lebte in engen, dunklen Zinskasernen, war nicht sehr begütert. Ein Ausflug zum Gänsehäufel war für den kleinen Mann von damals gleichsam wie ein Urlaub. Mit der Tramway leicht zu erreichen, bot das Gänsehäufel eine kleine und erschwingliche Auszeit, Vergnügen und Abwechslung im Alltagstrott. Dazu kam das schon erwähnte Familienbad, das Männer und Frauen gemeinsam genießen konnten. Eben dieser Umstand lockte all jene an, die nicht den Status einer Familie oder eines Ehepaares aufweisen konnten.

Die Wiener und Wienerinnen waren hier recht erfinderisch, agierten spontan und »verheirateten« sich noch rasch vor dem Eintritt ins Bad. Ein Zweizeiler aus der *Muskete* bringt es am 12. August 1909 – aus der Sicht einer einsamen Dame – humorig auf den Punkt: »Am Gürtel war sie noch allein. // Der ›Tegetthof‹ sieht sie zu zwei'n.« Natürlich wurde das nun im Besitz der Stadt befindliche Bad streng vom Auge des Gesetzes überwacht, damit alles mit rechten Dingen zugeht. Die Medien ulkten und fanden darin Stoff für witzige Kommentare. Beispiel gefällig? »Wien hat jetzt nur eine Sorge: ob im Familienbad auf dem Gänsehäufel die gute Sitte gewahrt wird. Alle Kenner berichten, daß der Familiensinn dort sehr gehoben wird und viele Pärchen, die sich dort erst kennen lernen, derart benehmen, als ob sie verheiratet wären.« (*Wiener Caricaturen*, 22. August 1909)

Mit einem Wort: Das Gänsehäufel war *das* Sommermuss der Wienerinnen und Wiener. Das Bad wurde in rascher Folge vergrößert und ausgebaut. Auch die Infrastruktur wurde Schritt für Schritt angepasst, 1920 errichtete man zwei »Telephon-

Automaten-Stationen«, Handys gab es ja damals noch nicht. Neben allerlei Unterhaltungen und drei mit Linoleum überzogenen Wasserrutschen bot man den Badelustigen auch Badebekleidung und Handtücher an. Man konnte sie gegen einen geringen Aufpreis ausleihen – eine Usance bei den Bädern der damaligen Zeit. Die Ziffern eines Einbruchsdiebstahls vom November 1918, also außerhalb der Saison, zeigt die Dimension. »Am 4. d. wurden am Gänsehäufel in Floridsdorf 161 Damen-Strandanzüge, 420 Trockentücher, 13 elektrische Beleuchtungskörper, eine Anzahl Fenstervorhänge und fünf Dutzend Haarnetze, zusammen 16.000 Kronen wert, gestohlen.«

Das Gänsehäufel war insbesondere während und nach dem Ersten Weltkrieg ein Ersatz für die Sommerfrische geworden, die sich viele nicht mehr leisten konnten. Ging sich ein Urlaub fern der Metropole nicht aus, das bisserl Geld fürs Gänsehäufel war alleweil noch drin. Hier konnte man das Glück in kleinen Dosen genießen, sofern man es schaffte, zur rechten Zeit die Donau zu überqueren. Besonders an Wochenenden wurde schon oft am diesseitigen Ufer die blaue Fahne gehisst: das Zeichen für die Überfüllung des Gänsehäufels.

Das Gänsehäufel bot selbst an heißen Tagen genug Platz für alle.

»

Hier konnte man das Glück in kleinen Dosen genießen, sofern man es schaffte, zur rechten Zeit die Donau zu überqueren.

«

In der Zeit des Roten Wien erlebte neben dem Wohnbau auch die Freizeitkultur eine Renaissance, beide wurden von den Stadtvätern gefördert und ausgebaut. 1926 wurden das Amalienbad in Favoriten und 1928 das Kongreßbad in der Nähe des Sandleitenhofes eröffnet. Dazu eine Titelzeile der *Arbeiter-Zeitung* vom 12. August 1927: »120.000 Menschen können täglich in den städtischen Sommerbädern baden.« Die Besucherzahlen aus dem Gänsehäufel belegen eindrucksvoll die neu entdeckte Liebe zum Sport und zur Freizeitkultur bei Licht, Luft und Sonne. 1927 zählte man stolze 270.994 Badegäste, in den beiden Folgejahren waren es an die 400.000, die sich auf den Weg über die Donau machten. Und dieser führte über die schon in die Jahre gekommene Reichsbrücke. Wer es sich leisten konnte und wollte, fuhr mit dem 24er, wer weniger begütert war, ging zu Fuß. Nadelöhr für alle war stets die Brücke, daran konnte auch eine Überfuhr nichts ändern. Die *Arbeiter-Zeitung* wurde zum Sprachrohr der Badenden: »Ein Wasserfreudiges und sonnenfreudiges Geschlecht wächst heran. Die Gemeinde wird auch im nächsten Jahre die Badegelegenheiten wieder vermehren. Sie wird vor allem das Gänsehäufel weiter ausgestalten. Leider steht der Ausnützung des verfügbaren Raumes auf dem Gänsehäufel die unzulängliche Reichsbrücke hinderlich im Wege. Die Reichsbrücke, die dem Bund gehört, ist schon für den heutigen Verkehr vollkommen ungenügend. Man kommt heute mitunter vom Gänsehäufel zur Lassallestraße zu Fuß eher als mit der Straßenbahn.« Am 22. Mai 1932, dem ersten Badesonntag des Jahres, musste die Reichsbrücke eine große Belastungsprobe machen. Bis zu Mittag hatten rund 60.000 Menschen per pedes oder per Bim die Brücke gen Osten überquert, um zum Gänsehäufel zu gelangen. Dort wurden an diesem Tag 11.000 Badende gezählt.

Auch wenn das Gänsehäufel nur in den Sommermonaten geöffnet hatte, stand es doch ganzjährig unter Aufsicht des Bademeisters, der hier eine Dienstwohnung besaß. Das Gänsehäufel war immer eine eigene Welt mit eigenen Gesetzen und – leider dann auch mit eigenen Preisen. Am Beginn der 1930er-Jahre war vermehrt von Klagen wegen überhöhter Preise zu lesen. Die Stadt Wien rechtfertigte dies dadurch, dass das Gänsehäufel bis zu einem gewissen Grad die »außerordentlich niedrigen Preise« der anderen städtischen Bäder als

Faulenzen am Sandstrand
oder Abkühlen im Wasser der
Alten Donau, wie am echten
Lido, nur halt in Wien.

»Gegengewicht« kompensieren müsse. Dazu kamen die Perso-
nalkosten der überwiegend Fixangestellten, die besser ent-
lohnt wurden als bei Privatbädern. Fazit: »Unbestritten bleibt
also die Tatsache, daß tatsächlich das Lieblingsbad der Wiener
kein Volks-, sondern ein Luxusbad geworden ist.« (*Der Abend*,
28. Mai 1931). Erlebte das Gänsehäufel während des Zweiten
Weltkriegs mit 550.000 Badegästen noch einen Rekordsom-
mer (1943), folgten zu Kriegsende hin Zerstörungen. Doch am
22. Juni 1950 wurde das neue Gänsehäufel nach Plänen des
Architektenduos Max Fellerer und Eugen Wörle eröffnet. Es
war größer und schöner geworden und nicht wiederzuerken-
nen. Wien jubelte und ging wieder ins warme Wasser der Alten
Donau baden.

Ohne Wacker is Meidling net ganz

Reminiszenzen an Wacker Wien und Admira

Die Fußballvereine entstanden zumeist in den Arbeitervierteln der schnell wachsenden Großstädte gegen Ende des 19. Jahrhunderts – die jungen Buben kickten mit dem Fetzenlaberl auf den zahlreich noch vorhandenen Wiesen oder nicht verbauten Flächen. Dabei wollen wir die Gelegenheit ergreifen, um auf eine spektakuläre Trinität zu verweisen: In den Industrievierteln der Großstädte entstanden nicht nur die ersten Fußballvereine, sondern ebenso die großen Brauereien. Die heilige Trinität bestand also aus Arbeiterviertel – Fußballverein – Bierbrauerei. Als Beispiel dafür wollen wir anführen: Linz – ja, es gab das Linzer Bier, ehe die Produktion 1981 eingestellt wurde, und den Hacklern der VÖEST war sogar ein Bier-Deputat zugesprochen, übrigens ein Leichtbier. Weiters Donawitz mit dem Gösser Bier, Pilsen mit dem *Prazdroj,* Prag mit dem *Staropramen,* also Freundschaft! und Prost! und Anpfiff!

Zurück zu den Fußballvereinen. Ihre Identität bezogen sie in der Regel aus dem jeweiligen Grätzel. So kickten in Wien die »Simmeringer« – von Helmut Qualtinger stammt der bekannte Auspruch: »Simmering – Kapfenberg, des ist Brutalität!« –, die »Rudolfshügler« – der Rudolfshügel liegt heute kaum mehr wahrnehmbar zwischen dem Laaerberg und dem Wienerberg – oder die »Favoritner« des 1910 gegründeten Favoritner Athletikclubs, kurz FavAC.

Es gab eigentlich nur zwei Vereine mit gesamturbaner Identität, nämlich die bekannten Rivalen Rapid und Austria. Herrmann Leopoldi erklärte dem in Wien Unkundigen die Reise zu den Hütteldorfern:

> *Ihre Identität bezogen sie in der Regel aus dem jeweiligen Grätzel. So kickten in Wien die »Simmeringer«, die »Rudolfshügler« oder die »Favoritner«.*

Plakette zum 20-jährigen Jubiläum Wacker Wiens 1928. In der Meisterschaft belegte man in diesem Jahr den vierten Platz.

»Wenn ihr mit der Wientallinie prompt
Mitten in mei Gassn kommt,
dann erwartet euch Rapid
und mein Lied!«

Genau diese beiden Vereine, die Erzrivalen, sind heute noch übriggeblieben, während die anderen Klubs mit lokalen Grätzelbezügen in den Unterligen spielen oder gar aus dem kickerischen Universum verschwunden sind. Zwei dieser Vereine wollen wir aus der Nähe betrachten: Wacker Wien und die Admira.

Leider gibt es den Fußballverein mit dem forschen Namen »Wacker Wien« nicht mehr, und das stimmt uns traurig, weil damit auch eine der schönsten Namen eines Fußballvereins mit einer gelungenen Alliteration für immer aus dem Wortschatz getilgt wurde. Leider reicht die Tauglichkeit der Namen nicht aus für das Fortbestehen von Fußballvereinen. Im Gegenteil, heute muss man Rasenballsport Leipzig heißen, damit sich das Kürzel RB für »Red Bull« ausgeht.

Den Platz von Wacker Wien gibt es aber noch. Er liegt an der Meidlinger Rosasgasse, man kann ihn auch von der viel befahrenen Grünbergstraße erreichen, der Schönbrunner Schlosspark liegt gleich in der Nähe. Des Platzes Schmalseiten sind eingegrenzt von der Rosasgasse einerseits und der Tivoligasse andererseits. Heute wird er als Bundessportplatz von Schulen zum Turnunterricht benutzt. Keine Gedenktafel erinnert an die wackeren Wackerianer, kein Schild verweist auf den ehemaligen Fußballplatz, keine Inschrift kündet von der ehemaligen Meidlinger Fußballhochburg. Der Platz war übrigens am 8. Oktober 1921 eröffnet worden − auf einem Gelände, das zuvor zu »Weigl's Dreherpark« gehört hatte.

Doch nun treffen wir auf ein zweites Phänomen. Durch die Sozialgesetzgebung in der jungen Republik verfügten die Arbeitermassen über Freizeit, vor allem über einen freien Sonntag. Und diese neu errungene Freizeit musste irgendwie organisiert oder kanalisiert werden. Vor allem jugendliche männliche Arbeiter trieb es zu den Fußballplätzen.

Bei unseren wackeren Wackerianern war es recht einfach. Die Besucher der Spiele − der *matches* − kamen in der Regel aus Meidling, sie konnten den Spielplatz zu Fuß erreichen, niemand benötigte die Wientallinie. Und in den 1920er- und 1930er-Jahren saßen oder standen 10.000, bei schönem Wetter 15.000 Fanatiker − Fans − auf den nicht überdeckten

Tribünen. In Regel mit Hüten, die Jüngeren mit Schirmkappen, die man bei Treffern der Heimmannschaft eine Minute lang schwenken musste.

Wer sich den Eintrittspreis nicht leisten konnte, war in der Regel nicht chancenlos. Entweder er überreichte dem Ordner versteckt ein paar Münzen oder er hatte das Glück, einen der Bewohner der rund um den Platz errichteten Zinskasernen zu kennen. In diesem Fall konnte er gegen eine kleine Sonderabgabe vom Platz am offenen Fenster aus das *match* beobachten.

» *Dabei war das Wiener Fußballspiel keine proletarische Errungenschaft. Im Gegenteil.* «

Dabei war das Wiener Fußballspiel keine proletarische Errungenschaft. Im Gegenteil. Nathaniel von Rothschilds Gärtner, die der Herr Baron aus England – ha! Des Fußballs Mutterland – kommen ließ, pflegten in ihrer Freizeit dem runden Leder nachzusprinten. Und gründeten am 22. August 1894 den »First Vienna Football Club« und somit den ältesten österreichischen Fußballverein. Die blau-gelben Vereinsfarben entsprachen übrigens den Wappenfarben des Hauses Rothschild.

Wie erfolgreich waren nun unsere wackeren Meidlinger? Nun, ein Meistertitel ging sich in der Zwischenkriegszeit nicht aus. Man sicherte sich stets den fünften oder sechsten oder siebenten Rang. Dass unsere »Schwarz-Weißen« – im Gegensatz zu den grün-weißen Rapidlern und den violetten Austrianern trugen die Wackerianer schwarz-weiße Dressen – mitunter auch im Ausland reüssierten, zeigt ein Bericht der *Prager Tagblattes* vom 25. April 1926: »Preßburg. Wacker Wien gegen SK Bratislava 3:0 (1:0). Wacker kam mit nur neun Spielern in Preßburg an, da die Fehlenden den Zug versäumten. Mit vieler Mühe trieben die Wiener aus der Juniorenmannschaft des SK Bratislava einen Ersatztormann auf und bestritten das Spiel mit zehn Mann. Dieser war der Held des Tages und wurde auf den Schultern vom Platze getragen. Wacker war während des ganzen Spieles überlegen. Die Tore schossen Schrödter (2) und Resch.«

Um die Fußballbegeisterung jener Jahre zu verstehen, wollen wir einen unverdächtigen Zeitgenossen zitieren, nämlich den Journalisten und Schriftsteller Ludwig Hirschfeld (geboren 1882 in Wien, ermordet zu unbekannter Zeit in Auschwitz). Dieser verkündete in seinem Bestseller *Was nicht im Baedeker steht*, erschienen 1927: »Das Volk kennt eigentlich nur einen Sport: Fußball. Das ist das einzige, was die heutigen jungen Leute wirklich interessiert, ihr regelmäßiges großes Sonntagsvergnügen und die ganze Woche hindurch der Gegenstand ihrer leidenschaftlichen Debatten. Beim Raseur wird Sie der Gehilfe bestimmt fragen: Waren der Herr gestern auch beim Match? Was, die Floridsdorfer haben einen (sic!) feinen Goal geschossen? – Beim Eintritt in die Trafik werden Sie mit zwei kleinen Schulbuben kollidieren, die eben ein Sportblatt gekauft haben und sich in die Ereignisse des morgigen Sonntags vertiefen. In jedem Straßenwinkel etablieren Kinder einen Fußballplatz, so daß sie beim Vorübergehen leicht zum unfreiwilligen Goal werden. Und am Sonntag Abend brüllt ihnen der Kolporteur ins Ohr: Die heutigen Sportresultate!«

Die Sternstunde von Wacker Wien sollte erst im Jahr 1947 kommen: Meister, jawohl, österreichischer Meister, das erste Mal und kurioserweise auch das letzte Mal in der Vereinsgeschichte.

Ein paar Namen der damaligen Akteure sollen hier genannt werden: Der Turl Wagner, eigentlich Theodor, der später in Meidling bis ins Jahr 1998 in der Theresienbadgasse ein Schuhgeschäft leiten sollte, lebt zurzeit mit über 90 Jahren in Breitenfurt. Sodann zu vieler Erstaunen der Gerhard Hanappi, der eigentlich Wackerianer war, ehe ihn Rapid im Jahr 1950 nach einer geschickten Intrige von Franz »Bimbo« Binder mehr oder weniger kaperte. Oder Turl Brinek, der zweite wackere Theodor, der 1953 als Legionär immerhin zum AS Monaco wechselte.

Mit dem triumphalen Meistertitel gewann die Wacker auch den österreichischen Cup, sodass das Fußballjahr 1947 in Österreich eigentlich nach Wacker Wien umbenannt werden müsste. Wir kreieren spontan folgenden Reim: Was denn zu 47 passe? Wacker Wien und Rosasgasse.

Doch in den 1950er- und 1960er-Jahren stürzten die Wackerianer in eine Strukturkrise. Die Bindung an das Grätzel funktionierte nicht mehr, die ehemals auf Fußball fixierten Fans entdeckten variable Freizeitmöglichkeiten, zudem

Der junge Gerhard Hanappi (1929–1980) als Wackerianer!

begann das Reservoir urbaner Kicker zu versickern. Es blieben nur mehr die zwei großen transurbanen Vereine übrig, eben Rapid und Austria. Nach dem Double konnte die Wacker das Kickerjahr einige Male an zweiter Stelle beenden. Doch danach pendelte man sich in der Mitte der Tabelle ein, der sechste, siebente, achte Tabellenplatz ward in Meidling gar oft geschafft. Und danach wurde es noch schlimmer, die Wacker stieg einmal ab, dann wieder auf, und das wiederholte sich des Öfteren.

Das letzte Meisterschaftsspiel auf dem Wackerplatz fand am 19. Juni 1971 gegen den FC Wacker Innsbruck (2:4) statt. Das allerletzte Meisterschaftstor für die Schwarz-Weißen erzielte dabei ein gewisser Ernst Dokupil, der später in jenem Stadion, das nach dem ursprünglichen Wacker-Kicker Hanappi benannt wurde, in Sankt Hanappi große Erfolge feiern sollte. Und die Wackerianer aus Innsbruck wurden mit diesem Spiel auf dem Meidlinger Wackerplatz österreichischer Meister.

Das Verschwinden des Vereins muss ein Loch in die Seele des Bezirkes gerissen haben. Der Meidlinger Dialektdichter Anton Krutisch schrieb:

> *Mir fehlt in Meidling die Wacker,*
> *ohne Wacker is Meidling net ganz,*
> *so schee Meidling is*
> *des ane is gwiß*
> *ohne Wacker fehlt Meidling der Glanz.*

Um die noch vorhandenen Reste von Wacker Wien zu besichtigen, muss man das Meidlinger Bezirksmuseum besuchen.

Eine Vitrine des Bezirksmuseums ist dem Wirken der Schwarz-Weißen gewidmet. Wir blicken auf das Originalschild »Wacker«, das ein Teil der ehemaligen Spieluhr des Platzes in der Rosasgasse war. Wir blicken auf die Schuhe von »Turl« Theodor Wagner, dem legendären Kicker der Meistermannschaft von 1947. Jeder der Schuhe ist imprägniert mit dem Autogramm des Stürmerstars. Und wir sichten einen Partezettel: »Da unser liebes Sorgenkind, der Sportklub Wacker, am Sonntag den 4. Juni 1961 sein Leben in der Staatsliga ausgehaucht hat ...«

Apropos Friedhof. »Gestorben« ist noch wer, nämlich der Fußballverein Admira. Der Fußballplatz lag allerdings einige Bezirke weiter in Floridsdorf, genauer in Jedlesee, noch genauer an der Hopfengasse. Die Admira erhielt den Namen tatsächlich aus dem Lateinischen: *admirare* heißt »bewundern«, und *admira* ist der Imperativ, also »bewundere«. Das Schiff eines Amerika-Heimkehrers soll angeblich diesen Namen getragen haben. Ein Verein mit einem lateinischen Namen, der auf hohem sportlichem Niveau kickt! Aber was sollen wir heute bewundern, wenn nichts mehr da ist?

Dabei waren die Kicker der Admira, die wie die Wackerianer in schwarz-weißen Dressen spielten, nicht nur ein Stück Jedlesee, sondern ein Stück Wiener Fußballgeschichte. Sie gewannen acht Mal die österreichische Meisterschaft, zuletzt 1966, und sie siegten fünf Mal im österreichischen Cup, zuletzt ebenfalls 1966. 1939 wurden sie deutscher Vizemeister, allerdings nach einem 0:9-Debakel im Endspiel gegen Schalke 04, einem wahren Skandalspiel, bei dem drei Admiraner ausgeschlossen wurden. Ein »Versöhnungsspiel« im

Das legendäre Wunderteam mit den beiden Admiranern Adi Vogl (stehend der Erste von rechts) und Toni Schall (stehend der Zweite von rechts) beim 8:2-Sieg gegen Ungarn auf der Hohen Warte am 24. April 1932. Schall erzielte bei diesem denkwürdigen Spiel vier Tore.

November 1940 in Wien endete mit 1:1, da der Schiedsrichter allerdings zwei Tore der Admira aberkannt hatte, kam es nach dem Match zu heftigen Zuschauerausschreitungen, u. a. wurden auch die Reifen des Autos von Gauleiter Baldur von Schirach zerstochen – die Spieler der Admira wurden in der Folge an die Front geschickt, der Verein 1943 in die zweite Liga versetzt.

»
Es gibt zwischen Großjedlers-dorf und Stammersdorf das Admira-Viertel, in dem die Straßen fast ausnahmslos nach ehemaligen Admira-Kickern benannt sind.
«

Zum großen Vergnügen der Jedleseer Fans spielten in der »goldenen Ära« des Vereins zahlreiche Stars bei der Admira. Da kickten der Pavlicek, der Hanreiter, der Schall und der Hahnemann. Wieso wir die kennen? Nun – es gibt zwischen Großjedlersdorf und Stammersdorf das Admira-Viertel, in dem die Straßen fast ausnahmslos nach ehemaligen Admira-Kickern benannt sind.

Beginnen wir mit der Pavlicekgasse, ohne Haček geschrieben, mit Haček gesprochen. Robert Pavlicek, 1912–1982, Verteidiger erst bei der Admira, dann in Frankreich bei Excelsior in Roubaix. Eigentlich noch im Großjedlersdorfer Heurigenviertel, ein kurzes Gasserl zwischen der Heurigenmeile und dem Fußballplatz »Schwemm«, die Kantine heißt logischerweise »Zum Anstoß«. Kein Problem für den ehemaligen Abwehrchef der Admira, diese Gasse abzusichern, hier kann niemand durchdribbeln, und auf den Flanken fehlt allfälligen Gegnern der Platz.

Dann die Hanreitergasse. Franz Hanreiter, logischerweise Admiraner, 1913–1992, Stürmer. Sodann die Platzergasse. Peter Platzer, 1910–1959, Keeper. Da rutscht kein Ball ins Netz, schließlich hütete der Platzer Peter das Tor der Admira und als Nachfolger des legendären Rudi Hiden auch das Tor des Nationalteams, des sogenannten »Wunderteams«. Er hütete auch das Tor bei der WM 1934 in Italien, als er im Match gegen Mussolinis Azzurris mitsamt dem Ball hinter die Torlinie gewuchtet wurde und der schwedische Schiedsrichter das Tor als korrekt anerkannte.

Jetzt noch Anton »Toni« Schall, 1907–1947, nach ihm ist logischerweise die Anton-Schall-Gasse benannt. Toni Schall begann seine Karriere 1922 beim Leopoldauer SC, kam dann zu Jedlersdorf und spielte ab 1925 bei der Admira. Im Wunderteam agierte er gemeinsam mit seinem Admira-Teamkameraden Adolf »Adi« Vogl – die berühmte Jedleseer Flügelzange – an der Seite von Matthias Sindelar und sorgte für spektakuläre Tore. Und der Hahnemann, genannt »der Zigeuner«, mit seiner Hahnemanngasse. Wilhelm »Willy« Hahnemann, 1914–1991, Admiraner, später Kicker bei Wacker Wien, 230 Tore in der obersten österreichischen Liga und Spieler der »reichsdeutschen« WM-Mannschaft von 1938, starb auf dem Tennisplatz während eines Tennismatches. Als Nicht-Transdanubier sind uns die Namen dieser Fußballgrößen möglicherweise völlig unbekannt, aber durch die Benennung der Straßen hat man zumindest der Admira und ihren legendären Kickern ein Denkmal gesetzt. Wir bewundern, was zu bewundern ist.

Die Admira erlitt in den 1960er-Jahren das Schicksal von Wacker Wien. Die Jedleseer Fans zogen nicht mehr geschlossen ins Stadion, den Kickern drohte der Abstieg aus der obersten Spielklasse. Was macht man in solch einer prekären Situation? Jetzt folgt der Überschmäh: Unsere beiden Vereine, also die wackeren Wackerianer aus Meidling und die bewundernswerte Admira aus Jedlesee, fusionierten im Jahr 1971 und übersiedelten in ein Gewerbegebiet im Süden von Wiens – auf Druck des Sponsors, der in der Nähe sein Hauptquartier errichtet hatte. Die eher bescheidenen Zuschauerzahlen am neuen Standort verweisen auf die nicht vorhandene Grätzelidentität in einem expandierenden Gewerbegebiet. Trotzdem hält sich der Verein seit Jahren in der höchsten heimischen Liga und überrascht immer wieder mit beachtlichen Leistungen gegen die Großklubs Rapid und Austria. Und nach einigen Eigentümerwechseln heißt der offizielle Name heute: Fußballklub Flyeralarm Admira Wacker Mödling. In der Kurzform wird zumeist »Admira« verwendet. Also bewundern wir!

Admira-Legende Toni Schall (1907–1947).

3

Essen und Trinken hält
bekanntlich Leib und Seele
zusammen — eine Lebens-
weisheit, der man in Wien
viel abgewinnen konnte. Man
widmete sich einem guten
»Papperl« und verschob die
Revolution ...

Zum Wohl von Leib und Seel

Die Frau Sopherl

Vom alten Naschmarkt

Wer heute über das Gelände des Wiener Naschmarktes schlendert und sich aufmerksam umsieht, dem fallen bestimmt folgende Straßenschilder ins Auge: »Minerlweg«, »Sopherl- weg«, »Mariedlweg«. Die drei Mädchennamen verweisen auf mehr oder weniger stadtbekannte Verkäuferinnen, auf die »Fratschlerinnen« des alten Naschmarktes, und wir werden ihre Wege im Folgenden kreuzen.

Damals – wir sprechen von der Zeit bis 1916 – bestand der Naschmarkt auf einer freien Fläche zwischen dem legendä- ren »Freihaus«, der Wiedner Hauptstraße und dem Karls- platz und trug noch seinen ursprünglichen Namen »Aschen- markt«. Bitte, so könnte man fragen, welche Wienerin wäre zum Einkauf auf den Aschenmarkt geschlendert, wo doch Ferdinand Raimund eindringlich und in steten Wiederholungen in seinem Zaubermärchen *Das Mädchen aus der Feenwelt oder Der Bauer als Millionär* dem Publikum prophezeite: »Wie lang stehts dann noch an, bist auch ein Aschenmann! Ein Aschen! Ein Aschen!«?

Die Stadthistoriker verweisen nun darauf, dass sich ge- genüber dem damaligen Markt tatsächlich eine Aschendeponie befunden hätte, die zur Bezeichnung des Marktes geführt hätte. Andere Historiker berichten vom damaligen am Markt üblichen Standardgefäß für Getränke, und dieses wurde aus dem Holz der Esche hergestellt, die damals im Wienerischen als »Asch« bezeichnet wurde – uns fällt sofort der englische Aus- druck ash-tree ein. Egal, die Wiener Lust am spielerischen Um- gang mit der Sprache führte zum Naschmarkt, und der Name wird sich auch noch in den nächsten Jahrzehnten halten.

Jetzt sind wir schon um einiges klüger geworden. Aller- dings ist noch ungeklärt, welche Menschen und Berufsgruppen

Am Naschmarkt um 1900: Eine Fratschlerin
bietet ihr Gemüse in großen Körben an.
Foto von Franz Xaver Setzer.

dort auf der Wieden – für Nichtwiener: im heutigen vierten
Wiener Gemeindebezirk Wieden – ihre Waren verkauften.

Einmal waren das die Bauern selbst, die Obst und
Gemüse vom Land in die Stadt karrten. Wobei man das »Land«
sehr weitläufig verstehen muss, denn im Herbst lieferten die
»Zwetschkenkrowoten« ihre Zwetschken, wobei die Krowoten
nicht aus Kroatien, sondern seltsamerweise aus der Slowakei
stammten und zu Mittag angeblich wegen ihrer Trunkenheit
nicht mehr gerade stehen konnten. Und die »Weinberl-
schwaben« brachten – apropos Schwaben – aus dem östlichen
Ungarn und aus dem Banat ihre Weintrauben. Apropos Weintrauben! Apropos Wein: Nicht alles, was ein Vergleich ist,
hinkt, so wollen wir ansatzlos auf folgendes Ereignis hinweisen:
Im Jahr 1814 wurde nach der Enthüllung eines Weinskandals
erstmals ein gesetzliches Verbot von Kunstwein erlassen. Somit
zurück zum Naschmarkt.

Der alte Naschmarkt am Karlsplatz mit der
Karlskirche und der Technischen Hochschule im
Hintergrund.

Dieser wurde weiter von den »Fratschlerinnen« oder den Höckerweibern geprägt, die auch als »Bolettenweiber« bezeichnet wurden – sie besaßen sogenannte »Polleten«, gedruckte Legitimationen der Hofkanzlei für die Ausübung ihres Gewerbes. In ganz Wien waren sie bekannt für ihr loses Mundwerk und für den kreativen Gebrauch von Schimpfwörtern. Oft besuchten die feinen Leute aus der Stadt extra den Aschenmarkt – oder Naschmarkt –, um sich am Gekeife der Fratschlerinnen zu ergötzen. Im Laufe des 19. Jahrhunderts dürften die Fratschlerinnen die Bauern zahlenmäßig sogar verdrängt haben. Vielleicht fehlte den Bauern auch das lose Mundwerk, jedenfalls hieß es damals, dass die Fratschlerinnen auf dem Naschmarkt längst das Kommando übernommen hätten und ein regelrechtes »Weiberregiment« führten. Der verdienstvolle Lokalhistoriker Wilhelm Kisch schrieb darüber in seinem Buch *Die alten Strassen und Plätze von Wiens Vorstädten und ihre historisch interessanten Häuser* im Jahr 1895: »In früheren Zeiten und eigentlich noch bis in die Märztage gab es bei den Verkaufsständen mehr Männer als Weiber, es waren dies Sauerkräutler, Höcker (Oebstler), und Grünzeugleut (Grünwaaren-Verkäufer), die man mit dem allgemeinen Namen ›Fratschler‹ zu bezeichnen pflegte, und später verdrängten die Weiber das stärkere Geschlecht und beherrschten mit souveräner Machtfülle den ganzen Platz. Sie hatten meist originelle Spitznamen, wie z. B. ›Maschansker-Kadel‹, ›Krawall-Minerl‹, ›Wäscher-Tonerl‹, ›Fischkopf-Reserl‹ etc. Einige derselben leben noch heut im Munde des Volkes fort und noch heute erzählt man sich von den drei berüchtigten Familien: die Wäscherleut, die Sattlerleut und Haverschesserleut. Aber über alle diese ragte hoch empor die berüchtigte ›Haverschesser Maridl‹, sie war die Lauteste von allen, ein Ausbund der Verwegenheit, ein Prototyp des weiblichen Raufbolds vom Grunde; nicht 10 Männer konnten sie bändigen und keine Patrouille vermochte sie zu arretieren.«

Damit haben wird die Erklärung für die oben erwähnten Straßennamen: Die Minerlgasse bezieht sich auf die Krawall-Minerl, die Mariedlgasse erinnert an die Haverschesser Maridl/Mariedl, und zur Sopherl werden wir selbstverständlich auch noch kommen.

Freilich verkauften auch Männer auf dem Naschmarkt – vor allem bei Fiakern, die in den Ruhestand getreten waren, war es nicht selten, dass sie auf ihre »alten Tage« einen

Im Herbst wurden ganze Pferdewagen mit
frischem Kraut angeliefert, das nun auf die
Wiener Käuferschaft wartete.

Marktstand erwarben. So hatte Josef Bratfisch, der Leibfiaker
von Kronprinz Rudolf, am 30. Jänner 1889 noch seinen Chef
nach Mayerling kutschiert, wo sich in der kommenden Nacht
die allseits bekannte Tragödie ereignen sollte, doch bald darauf
agierte Bratfisch, der auch als Sänger von Wienerliedern bekannt wurde, als Standler auf dem Naschmarkt. Und zusammen
mit ihm werkelte ein anderer Ex-Fiaker, nämlich der Leibfiaker
der Gräfin Marie Louise Larisch, einer Nichte von Kaiserin
Elisabeth, und der hatte damals am 30. Jänner 1889 die Gräfin
Mary Vetsera kutschiert. Seine Tochter soll noch bis ins hohe
Alter an einem Obst- und Gemüsestand verkauft haben.

Doch in mancherlei Hinsicht waren die Männer geschick-
ter – wenn's ums Geldverdienen ging. Bekannt geworden war
unter anderem der »Naschmarktkönig«. Ja, der König, jedes

Reich brauchte einen König, die Rax hatte den Raxkönig, den Georg Huebmer, der das Fällen und das Schwemmen der Stämme aus der Raxgegend organisierte, und der Naschmarkt hatte den Anton Heim. Der wohnte übrigens in der Bärenmühle (Rechte Weinzeile 1), die wir heute noch von außen besichtigen können. Anton Heim, der »Naschmarktkönig«, hielt sich an die zwanzig »Söldner«, die den nach Wien fahrenden Bauern schon vor der Stadt auflauerten und ihnen dort die gesamte Ware relativ billig abkauften, um sie dann auf dem Naschmarkt relativ teuer weiter zu verkaufen. Natürlich stieg die Wut der normalen Standler und der Fratschlerinnen auf die unsauberen Geschäftsmethoden des Königs, und am 28. März 1848 war's soweit: Der König wurde gestürzt und musste fliehen. Die wütenden Wiener stürmten seine Wohnung in der Bärenmühle, zertrümmerten die Einrichtung, schütteten die Vorräte aus, den fliehenden Heim-Toni erwischten sie auf der Elisabethbrücke, die von der Wiedner Hauptstraße zum Kärntnertor führte. Nur eine zufällig vorbeikommende, durch den Lärm angelockte Militärpatrouille verhinderte, dass der Heim-Toni zu Tode geprügelt und in den Wienfluss geworfen wurde.

Wie hat es auf dem Naschmarkt damals tatsächlich ausgeschaut? Nun, ab 1850 bestand er aus vier Teilen. Der größte Teil war für den Verkauf von Obst bestimmt, das auf Wagen geschlichtet war. Ein hinter dem Obstmarkt gelegener kleiner Bereich war für die Bauern reserviert, die hier ihre Waren auslegen und verkaufen konnten. Auf einem eigenen Platz wurden Erdäpfel angeboten, und dann gab es noch einen vierten Bereich für Grünzeug, also für Kraut und Rüben. Und größer wurde der Markt auch. Als 1856 der Mühlbach, der auch die Bärenmühle antrieb, zugeschüttet und das Platzl vor dem Freihaus renoviert wurde, konnte der Markt seine Fläche beträchtlich erweitern. Was zur Folge hatte, dass halb Wien, die Armen und die Reichen, die Dienstmädchen und die Gnädigen, auf dem Markt nicht nur Weintrauben und Zwetschken, sondern tatsächlich auch »Kraut und Rüben« kauften.

Auf eine Sache sei noch hingewiesen. Und da herrscht völlige Klarheit: Die Sopherl kommt vom Naschmarkt. Schuld daran ist Vinzenz Chiavacci (1847–1916), ein – wie der Name Chiavacci mit Sicherheit bekundet – Wiener Feuilletonist des 19. Jahrhunderts, der »die Sopherl vom Naschmarkt« erfand. Freilich, erfunden hat er sie sicher

»

*Da herrscht völlige Klarheit:
Die Sopherl kommt vom
Naschmarkt.*

«

Bunt waren das Treiben und die Kleidung der
Standlerinnen wie auch der Wienerinnen.

nicht, sie wird schon vor ihm auf dem Markt hinter einem
Stand gewirkt haben, deswegen bezeichnete Chiavacci sie auch
als »Weib vom Stande«. Aber besagtem Chiavacci kommt das
Verdienst zu, unsere Sopherl als literarische Figur für die Nachwelt gerettet zu haben. Die Sopherl ist sozusagen das elemen-
tare Gegenstück zum »süßen Wiener Madl«: resch, raunzig und
rotznasig. Wahrscheinlich wäre es ratsam, um sie einen großen
Bogen zu machen. Denn wollen Sie sich Folgendes anhören?
»Als dann, daß i Ihna derzähl': I sitz' neuli bei mein Standl und
ruaf grad so laut i kann: Herda, nur da, schöne Kipfler hätt' i da,
kauft's mir was a'. Schöne Umurken kummen S' her, Schatzerl,
so an Kehlrabi hab'n S' no net g'essen. Kummen's her, daß i
was lös'.« Auf amal hör' i a Spektakel und an Bahöl, und wir
i aufschau', steht a großmächtigs Kamel bei mein' Standl und
legt sie in mein' Happelsalat eini. I nimm gleich mei Paraplui
und schrei: ›Gehst außi aus'n Andivel. Sö Zwiefelkrowat, lassen
S' Ihna bucklete Wadzill'n wo anderscht weid'n.‹ Der braune
Schnipfer steigt drauf von seiner Wüstenhutschen aber, macht
a Verbeugung bis auf d'r Erd' und sagt: ›Alah il Alah – Sali
mei Leich' kummt!‹ Dös ist nämli der arabische ›Grüass die
Gott!‹ I bin zwar schon a alt' s Weib, aber für männliche Reize

bin i no alleweil empfängli. Wia i daher den braun' Käfer siech mit a paar glanzende Klurn, wia der Karfunkel hintern Ofen-loch – a schneeweiß' G'wandl hat er ang'habt und a Gugl, wie a Theaterhaub'n, a wahres Wüstengigerl, sag'i Ihna, da is m'r glei's Herz aufganga.« (Vinzenz Chiavacci: *Eine, die's versteht. Lokal-politische Standreden der Frau Sopherl vom Naschmarkt*, 1896).

Jetzt reicht's, Herr Chiavacci, seit 1883 haben Sie mit der Sopherl jeden Sonntag ihre Kolumne in der *Österreichi-schen Volkszeitung* gefüllt, und 1890 erschien mit der »Bezirks-tratsch'n« als Titelgestalt sogar eine Komödie im Theater in der Josefstadt. Der Schriftsteller und Übersetzer Albrecht von Wickenburg widmete ihr dieses Couplet:

> »Kaufen's, kaufen's, alles ist billig«, lockt sie dich zu ihrem
> Stand, und sie sagt dir, kaufst du willig, »Euer Gnaden, küß
> die Hand!« Doch gib acht, sie ist geladen! Fängst du nur zu
> feilschen an, degradiert sie »seine Gnaden« justament zum
> »Schmutzian!«

Ein letztes Zitat über den sprichwörtlichen Charme der Stand-lerinnen aus dem Wienerlied »Auf der Lahmgruabn und der Wieden« vom Komponisten und Volkssänger Franz Böhm (1843–1910) wollen wir Ihnen, liebe Leserinnen und Leser, auch noch bringen:

> Drübn am Naschmarkt, auf der Wieden,
> geht ein Stutzer promeniern,
> sagt zu aner bladen Standlerin: Äh, was kosten diese Birn?
> Na vier Kreuzer, sagt Frau Sali zu dem Stutzer net verlegen,
> doch der will für das Nagerl bloß zwa Kreuzer niederlegn.
> Pumpsti, hat er eine Ohrfeign, und die Frau Sali sagt zu ihm:
> Sixt auf der Lahmgrubn und auf der Wieden
> san die Birn halt sehr verschieden.

Der Naschmarkt taucht schon in den ersten Wienführern des 19. Jahrhunderts auf. So schrieb der Bibliothekar Eduard Seis 1880 in seinem Buch, das er *Führer durch Wien und Um-gebung* nannte: »Jedenfalls gehört der Naschmarkt, als er-korener Sammelplatz der urwüchsigen Wiener Hökerinnen – Fratschlerinnen genannt – unter die Spezialitäten und Curiosa der Residenzstadt.« Und sogar der Berliner Schriftsteller

Alfred Friedmann warb in der beliebten Familienzeitschrift *Gartenlaube* für den Besuch des Naschmarktes. Eine Episode, die er zum Besten gab: »›Warum sind denn die Citronen in Seidenpapier eingewickelt?‹ Fragt ein naseweiser Kleiner eine Hökerin. ›Damit sie sich nicht verkühlen‹, brummt diese ärgerlich.«

So, jetzt drücken wir die Frau Sopherl ohne Genierer zur Seite und beschäftigen uns mit der Kundschaft, also mit den Käuferinnen. Richtig, Käuferinnen, denn in der Regel suchten die Köchinnen vornehmer Familien hier ihre Leckerbissen, und die Hausfrauen der niederen Stände forschten mit gezieltem Blick nach günstigen Angeboten. Schon zeitig in der Früh tauchten sie auf, um alle Ingredienzien für die geplanten Speisen des Tages zu erwerben. Um elf Uhr war das Geschäft zu Ende, und die Fratschlerinnen konnten entweder ihre Preise senken, um die etwaigen darauf wartenden Schlaufüchse – oder besser: Schlaufüchsinnen – zu bedienen, oder sie mussten die verbliebenen Obst- und Gemüsereste mit nach Hause nehmen – Kühllager waren damals noch nicht vorhanden.

Wir vermerken kurz: Mit den veränderten Lebensverhältnissen gibt es heute kaum mehr den morgendlichen Kauf der Köchin oder Hausfrau. Die Frequenz am Naschmarkt steigt am Nachmittag, wenn die Touristen über den heutigen Naschmarkt flanieren und die Sonderangebote in den Souvenirläden mustern. Abends füllt sich dann die Gastromeile, doch wir kehren wieder zum damaligen Naschmarkt zurück.

Eines der Probleme war die teilweise fehlende Hygiene. Der Markt wurde immer größer, vor dem Kärntnertor konnte man nun zusätzlich Brennholz und Holzprodukte erwerben. Und zwischendurch boten die »Bradelbrater« – die Vorgänger der Würstelstandler – den hungrigen Einkäufern ihre »Heiße« an. Der Naschmarkt war dabei noch immer ein offener Markt: Die Fratschlerinnen hatten die Waren zumeist auf dem Boden ausgebreitet, oder sie benutzten improvisierte aufklappbare Tische. Zum Schutz gegen Sonnenstrahlen, Regentropfen und Schneeflocken war jeder »Stand« mit überdimensionierten Schirmen ausgestattet. Zudem wurde es vor dem Freihaus doch sehr eng, der Naschmarkt platzte aus seinen Nähten. Es fehlte eine riesige überdeckte Markthalle, wie sie damals schon in Budapest stand, errichtet 1895 bis 1897 nach Plänen des Architekten Samu Pecz. Oder als Alternative eine Vielzahl von kleinen nebeneinanderstehenden Marktbuden.

Zur selben Zeit – also im ausgehenden 19. Jahrhundert – hatte Oberbaurat Otto Wagner die Idee, den Wienfluss einzuwölben und auf der neu entstandenen breiten Wienzeile eine durch ihre Imposanz bestechende Prachteinfahrt West anzulegen. Wobei dieser großstädtische Prachtboulevard vom Karlsplatz bis zum Kaiserdomizil Schloss Schönbrunn hätte reichen sollen.

Freilich hätte reichen sollen. Denn es folgten zwei traurige Ereignisse. Einmal der Ausbruch des Ersten Weltkriegs 1914 und dann der Tod Otto Wagners 1918. Vom Prachtboulevard blieben nur die beiden Otto-Wagner-Häuser sowie die Überwölbung des unteren Teils des Wienflusses übrig.

»

So ist das halt mit den Provisorien.
Auf einmal sind sie da und
dann wollen sie einfach nicht
verschwinden.

«

Und was machte man mit der freien Fläche, die durch die zwischen 1894 und 1906 erfolgte Überwölbung des Flusses entstand? – Innerhalb kurzer Zeit stellte man nach den Plänen von Friedrich Jäckel in drei Reihen eine Vielzahl von Marktstandeln auf. 1916 wurde – als kriegsbedingtes Provisorium – der Naschmarkt auf seinem heutigen Ort eröffnet.

So ist das halt mit den Provisorien. Auf einmal sind sie da und dann wollen sie einfach nicht verschwinden, von wegen der normativen Kraft des Faktischen oder so. Etwa 600 Händlern boten die neuen Standeln Platz, die kleinen »Hütteln« fanden bei der Bevölkerung regen Zuspruch, sodass bald die Ortsbezeichnung »Neu-Hütteldorf« entstanden war. Das Stadtbauamt erwähnte, dass man sich absichtlich für die halboffene »orientalische« Art der Standeln entschieden hatte, weil die Wiener eine geschlossene Markthalle notorisch ablehnten. Die Gassen zwischen den Standeln tragen die – inoffiziellen – Namen Minerlweg, Sopherlweg und Mariedelweg. Die Bezirksvertretung des fünften Wiener Gemeindebezirkes ehrte auf diese Weise im Jahr 2014 die vor mehr als hundert Jahren noch stadtbekannten Fratschlerinnen.

Der alte Naschmarkt am Karlsplatz war genauso beliebt wie der heutige längs der Wienzeile.

Der Speisezettel der Donau-Phäaken

Kulinarische Kuriosa

»Worauf freut sich der Wiener, wenn er vom Urlaub kommt? Auf Hochquellwasser und Ankerbrot.« Der Werbeslogan der Großbäckerei Anker aus den 1930er-Jahren ist legendär. Freilich, die Wienerinnen und Wiener lebten weder damals noch heute von Wasser und Brot allein. Das Hochquellenwasser war 1873 mit der Ersten Hochquellenwasserleitung nach Wien gekommen. Vorher tranken die Wiener das schlechte, vielfach verseuchte Wasser ihrer eigenen Hausbrunnen, viele starben an Typhus. Wer's genau wissen will: Es waren 34,21 von 1.000 Personen. Fünfzehn Jahre nach Einführung des Hochquellenwassers starben nur mehr 9,44 pro Tausend. Zufrieden resümierte der Geologe Eduard Suess, »Vater der Hochquellenleitung«, in seinen *Erinnerungen:* »Das Hauptziel des Werkes war daher erreicht.«

Eine ähnliche Erfolgsgeschichte ist die von Ankerbrot, die wir kurz erwähnen möchten, ehe wir uns den Leibspeisen der Wiener widmen. Die Anfänge der Ankerbrot AG reichen ins 19. Jahrhundert zurück: 1891 gründeten die Brüder Heinrich und Fritz Mendl in Favoriten eine Bäckerei. Zunächst waren hier zwanzig Bäcker beschäftigt. Doch die Firma wuchs rasch und schon 1914 war die Belegschaft auf knapp 1.300 Mitarbeiter angewachsen. Als Anerkennung folgte die Auszeichnung »k. u. k. Hoflieferant«. Wer heute durch Wien geht, wird überall Ankerbrot-Filialen finden und aus jedem Wasserhahn bestes Hochquellenwasser bekommen.

Wie gesagt, mit Wasser und Brot wären zwar der ärgste Hunger und der größte Durst gestillt, doch wir wollen uns den Leibspeisen zuwenden. Hier zeigen sich nicht nur individuelle Vorlieben, sondern auch die große Bandbreite der Wiener Küche.

Heurigenvergnügen im Hof eines Winzerhauses
in der Agnesgasse in Sievering, 1920.

Anno 1828, also in der Biedermeierzeit, schrieb Charles
Sealsfield alias Karl Postl in seinem lange Zeit in Österreich
verbotenen Werk *Austria as it is, or sketches of continental courts,
by an eye-witness* über die kulinarischen Vorlieben der Wiener:
»Das Lieblingsgabelfrühstück der Wiener besteht aus jungem
Schweinfleisch mit Meerrettich, dem sogenannten ›Krenfleisch‹, oder Würsten mit Senf und einigen Gläschen österreichischen Weines.« (Übersetzung: Primus-Heinz Kucher,
1997). Ja, dem können wir auch heute noch etwas abgewinnen,
wenngleich das Krenfleisch ungleich schwieriger zu bekommen
ist als »Würste«, die in Wien Tradition haben – Stichwort:
Würstelstand.

»

Schlankmacher waren das alle nicht. Das Mittagmahl war nicht weniger deftig, vor allem, wenn es ein »feines Mittagsmahl« war.

«

Fragen wir uns nach den Leibspeisen der Wiener, finden wir, knapp 70 Jahre später, im *Neuen Wiener Journal* vom 29. Mai 1897 ein beredtes Bild der Wiener Kulinarik. Auch hier taucht wieder das Krenfleisch in der Reihe »Vormittags-Leckerbissen« auf. Weiters werden der »Einspänner mit Saft«, das Gulasch, aber auch das Beuschel oder Nierndl'n mit Hirn angepriesen. Schlankmacher waren das alle nicht. Das Mittagsmahl war nicht weniger deftig, vor allem, wenn es ein »feines Mittagsmahl« war. Ohne Rindsuppe ging nichts, ob mit Nudeln, Fleckerln oder Eingetropften (»Eintrapft's«), sie war das »unbedingt notwendige Präludium«. Fleischig ging's weiter, sei es vom Rind oder vom Schwein (»Wiener Schnitzel«). Auch Geflügel hatte einen hohen Stellenwert, war doch »Backhendl mit Salat« eine alte Wiener Lieblingsspeise.

Die weiteren Zeilen sind derart beeindruckend, dass wir sie ungekürzt wiedergeben wollen. »Die Quantitäten von jungen Backhendeln, die zur Saison verspeist werden, steigen aber auch ins Enorme. Und das Interessante dabei ist, daß nicht Wien, sondern die nächst Wien gelegenen Vororte die Hauptkonsumenten sind. So brauchen beispielsweise Dornbach, Nußdorf, Klosterneuburg und Franz-Josefs-Land [ein beliebtes Ausflugsziel am linken Donauufer, nahe der heutigen Reichsbrücke] in den Monaten Juni und Juli durchschnittlich achtzehntausend Stück Backhühner. Nach dem Backhendel ist es das ›Gansl‹, das ›Anterl‹, welches zum Grinzinger, zum Gumpoldskirchner eine herzerhebende Labung ist.«

Die Backhendln waren derart prägend, dass sie – legt man kulinarische Maßstäbe in der Zeitrechnung an – gar namensgebend waren, zumindest aus der Sicht eines anonymen Autors im Oktober 1931: »Backhendlzeit, das ist doch jene Epoche, von der man nur zu sprechen braucht, um sofort seidenglänzende Stößer zu sehen, Kavaliere mit Strumpfen und Reifrockdamen. Dann gehört noch die Postkutsche dazu und der Zeiserlwagen, der Schubert, das Kärntnertortheater und Geigen und Walzer, der Sperl, der Domayer und der Apollo-Saal ... Die Grenzen dieser Backhendlzeit sind nicht scharf umrissen, sie verschwimmen in der ersten Hälfte des vorigen Jahrhunderts; [...]« (*Die Bühne,* Nr. 314, 1931).

Und nicht vergessen wollen wir selbstverständlich die legendären Wiener Mehlspeisen. Erwähnung finden hier der Millirahmstrudel (= Milchrahmstrudel), der ausgezogene Apfelstrudel sowie die Krapfen »als Lieblingsspeise der Wiener und Wienerinnen im Fasching«. Wieder wollen wir uns zur Gänze dem Originalwortlaut hingeben: »Von Wien aus haben die Krapfen ihren Triumphzug durch die Welt angetreten und sind heute in Deutschland, speciell aber in Südbaiern, ebenso populär als in Wien. Sie werden aus Weizenmehl und Eiern hergestellt, in Butter oder Schmalz herausgebacken und mit Marmelade, Mandeln oder Rosinen gefüllt. Der Verbrauch von Faschingskrapfen beträgt in der Sylvesternacht sechzig-, in der Faschingdienstagnacht über hunderttausend Stück!« Da ging es neben der Qualität auch um Quantitäten – wer den Rekord im Verschlingen von Krapfen hielt, konnten wir allerdings nicht eruieren.

In Wien pflegte man weiters den schönen Brauch des Zwetschenknödel-Wettessens. Warum ausgerechnet Zwetschkenknödel? Die Antwort ist einfach: Zwetschenknödel gehörten zu den Eckpfeilern der süßen Wiener Küche und rangierten ganz vorne in der Beliebtheitsskala. 1891 lesen wir vom Zwetschenknödel-Wettessen bei Karl Kreuz, einem Gastwirt in der Hernalser Hauptstraße 135, an dem rund zweihundert Personen, darunter auch zahlreiche Damen (!), teilnahmen.

**Wurst und Fleisch dürfen nicht fehlen:
beim Heurigen in Grinzing.
Handkoloriertes Glasdiapositiv, um 1910.**

Die fleißige Wirtin bereitete über 2.000 Zwetschkenknödel aus Kartoffelteig vor. Der Gewinner, Herr Schulz, »ein rüstiger Tramway-Conducteur«, verdrückte 58 Zwetschkenknödel, der zweite Platz ging ebenfalls an einen Straßenbahner, er schaffte immerhin 40 Zwetschkenknödel. In der Damenwertung siegte Frau Meißner, »Frau eines Tramway-Conducteurs«, mit 34 Zwetschkenknödeln. Wie gesagt, das war 1891, wer's nicht glaubt, möge die *Die Presse* vom 19. September lesen.

Dieser Rekord sollte nicht lange halten. Im oben erwähnten *Neuen Wiener Journal* finden wir eine interessante Passage: »Den zahlreichen Freunden dieser populären Mehlspeise sei die gewiß interessirende Mittheilung gemacht, daß der Record im Zwetschkenknödelessen zur Zeit mit siebzig Stück ›auf an‹ Sitz gehalten wird. Dies ist der Weltrecord!« Da besagte Zeilen im Mai 1897 geschrieben wurden, die Zwetschensaison aber im September startet, folgern wir, dass der Weltrekord wohl schon 1896 aufgestellt worden sein muss. Ob hier neuerdings die Berufsgruppe der Straßenbahner bzw. die Ehefrauen der Straßenbahner reüssieren konnten, wäre noch in Erfahrung zu bringen.

Wenden wir uns ab vom großen Fressen in der Vorstadt, schauen wir, wie man am kaiserlichen Hof speiste. Wir wollen jetzt gar nicht im Detail auf den enormen Personalstand eingehen, der aus einem Kücheninspektor, Chefköchen, Hofköchen erster und zweiter Klasse, Hofküchenträger und Hofküchenmägden bestand, die ihr Reich im Schweizerhof der Hofburg hatten. Beginnen wir beim Frühstück des Kaisers, das er als ausgewiesener Frühaufsteher bereits um 4 Uhr zu sich nahm: Kaffee, ein Stück Brioche und etwas kaltes Fleisch, an Fasttagen stattdessen Sardinen. Den kleinen Hunger zwischendurch stillte der Monarch mit Dörrzwetschken und Schokolade, beides hatte er in seiner Schreibtischlade vorrätig. Das Mittagessen, »Dejeuner«, wie man am Hof zu sagen pflegte, wurde zwischen 11 und 12 Uhr eingenommen. Der Kaiser speiste in seinem Arbeitszimmer, wobei Suppe, Fleischspeise mit zwei Gemüsen, vielfach Naturschnitzel, Rostbraten oder Geselchtes und zum Schluss Mehlspeise und Kaffee die übliche Abfolge bildete. Dazu trank er Bier (»Spatenbräu«) und ein Glas österreichischen Wein, »am liebsten Brünnerstraßler, Gumpoldskirchner oder Pfaffstättner«. All das entnehmen wir dem *Neuen Wiener Journal* vom 8. Mai 1932. Hatten sich im Laufe der Jahre der Kaiser und die Kaiserin emotional entfremdet, ging die Monarchin auch bei ihren kulinarischen Vorlieben zunehmend

Rekorde der 1930er-Jahre: Die schwerste Wienerin (Maria Lahola, 153 kg), der kleinste Wiener (Alois Sappek, 1,03 m), der größte Wiener (Karl Vida, 2,05 m), der schwerste Wiener (Josef Koblinger, 188 kg). Neben dem schwersten Wiener sitzend der Sieger von 1931, der Fleischhauer Franz Schlesinger, der nur um 150 g unterlegen war.

Seine Majestät Kaiser Franz Joseph beim Frühstück mit Sisi.
Der Monarch schätzte vor allem die Wiener Rindfleischküche,
bei seiner Freundin Katharina Schratt aß er gerne ein Stück
Gugelhupf. Zeichnung von Theodor Zasche, um 1890.

eigene Wege. Sie frühstückte später, um nicht zu sagen viel später, zwischen 8 und 9 Uhr, und ließ sich neben Tee, gebratenes
oder geschmortes Rindfleisch, vielfach mit Gemüse und zum
Abschluss noch feine Bäckerei servieren. Bei den Getränken
hatte sie Vorlieben für Rheinwein und Champagner, der Kaiser
bevorzugte Rotwein, meist Burgunder oder Madeira.

Lud der Kaiser zu einem offiziellen Essen, was im Schnitt
dreimal in der Woche der Fall war, so war die Speisefolge für
die hochrangigen Diplomaten und Militärs schon etwas auf-
wendiger. »Sie bestanden meist aus elf bis zwölf Gängen, die
aber nach dem Wunsche des Kaisers gleichfalls in siebzig Mi-

nuten erledigt sein mußten. Die Speisenfolge bei diesen Diners war: Suppe, Vorspeise mit pikanter Soße, Fisch, gebratenes Rindfleisch, Zwischenspeise, Braten oder Geflügel mit Salat, feinem Gemüse und Kompott, Mehlspeise, Käse, Eis, Dessert und schwarzer Kaffee. Dazu wurden, wenn als Vorspeise Austern serviert wurden, Chablis, in weiterem Verlauf des Diners Bordeaux- und Champagnerweine aus dem ungemein reichhaltigen Hofkeller getrunken.«

Um eine objektive Sichtweise zu erlangen, sollte man externe Experten befragen. So wollen wir es auch halten, denn schlussendlich interessiert uns, was sich hinter dem Mythos der Wiener Küche verbirgt: Wir konsultieren Julius Walter (1841–1922), einen deutschen Philosophen und Genießer, der 1875 eine außerordentliche, 1876 schließlich eine ordentliche Professur der Philosophie in Königsberg erhielt und 1886/87 Rektor an der dortigen Universität war. Dem Artikel *Aus den Memoiren des Magens – Wiener Küche* aus dem Jahr 1884 im *Neuen Wiener Tagblatt* vom 9. Jänner entnehmen wir seine kulinarische Expertenmeinung. Gleich am Beginn trägt er derart dick auf – »Österreich dankt der Wiener Kochkunst mehr als der Wiener Staatskunst, und es wäre wohl vortheilhafter gewesen, man hätte zur Züchtung von Diplomaten anstatt der orientalischen Akademie oder wenigstens ›gleich neben an‹ eine Wiener Kochkunst-Schule errichtet ... « – dass wir glatt rot werden vor Scham. Zugegeben, wir fühlen uns geschmeichelt, lieben seine scharfsinnigen Worte und können davon gar nicht genug bekommen. »Der Wiener Küchenzettel ist die eigentliche *Habeas-corpus*-Akte, die *Magna Charta* Österreichs. Dieser Wiener Küchenzettel ist föderalistisch, er trägt den historisch-nationalen Individualitäten Österreichs in schönster Objektivität und in abundantester Weise Rechnung; er ist die einzige richtige Lösung des Paragraph 19 der Gleichberechtigung aller Zungen und noch dazu der Gaumen und Magen. Der Wiener Küchenzettel macht Wien erst zur Metropole des Reiches, zur Allumfassenden; auf der breiten Straße des Wiener Küchenzettels geht das gemüthliche Wiener ›G'selchte‹ Arm in Arm mit dem dick-schädligen Tiroler Knödel und dem Znaimer Kraut, der kontemplative ›steirische Sterz‹ und die düsteren ›Povidl-Livanzen‹ streiten sich um die Ehre, dem Wiener Backhendel Heerfolge zu leisten,

»

Der Wiener Küchenzettel ist die eigentliche Habeas-corpus-Akte, die Magna Charta Österreichs.

«

die Salzburger Zunge läßt sich gerne von den böhmischen Erbsen geleiten, das bescheidene ›saure Beuschel‹ rangirt gleichberechtigt neben dem ungarischen Gollasch und dem polnischen Züngel in autochthoner Sauce; und – die Wiener Küche ist von altersher konfessionslos, denn sie ist eine wahre Volksküche – sie vereinigt harmlos die ›Würstel Augsburger Konfession‹, den streng ›orthodoxen Gansbiegel mit Ritscher‹ und die ›besoffenen Kapuziner‹. Eine auch nur oberflächliche Lektüre des Wiener Küchenzettels ist instruktiver für die Kenntniß der Eigenthümlichkeiten und ererbten Übelstände Österreichs und sie macht vertrauter mit dem Reiche, wo das Unwahrscheinlichste zum Ereigniß wird, als das gründlichste Studium sämmtlicher autochthonen Werke und eingewanderter Plutarche. Wie wäre es, wenn einmal die Wiener Köchinnen eine Verfassung für Österreich kreieren würden!«

»
Geblieben ist die Freude der Wienerinnen und Wiener am Genuss. Wie ein roter Faden zog sich diese über die Jahrhunderte, über Kriege und Krisen, bis ins 21. Jahrhundert.
«

Es hätte seinen Reiz, wenn es heute noch so wäre, wie Julius Walter damals schrieb. Doch bereits 1884 sah er jene Gefahr, die wir auch heute sehen: die kulinarische Globalisierung. »Die Küche ist kosmopolitisch geworden, der Wiener Speisezettel spricht jetzt in allen europäischen Zungen und Dialekten; es kann hier jetzt Jedermann, er komme wo immer her, selig werden nach seiner Façon ... Ist sie aber dadurch im Allgemeinen besser geworden? Ach, das Neue ist nicht immer das Gute, und das Gute nicht immer das Neue.«

Geblieben ist die Freude der Wienerinnen und Wiener am Genuss. Wie ein roter Faden zog sich diese über die Jahrhunderte, über Kriege und Krisen, bis ins 21. Jahrhundert. Dies trug ihnen schon früh den Titel »Phäaken« ein. Josef Weinheber, der durchaus nicht unumstrittene Poet, der sich nach dem »Anschluss« offen als glühender Fan des »Führers« zu erkennen gab, brachte in der Zwischenkriegszeit die Essgewohnheiten, fast wäre man versucht zu sagen »Fressgewohnheiten«, der Wiener in satirisch pointierten Versen zu Papier.

Der Phäake

(Der Genußmensch)

Ich hab sonst nix, drum hab ich gern
ein gutes Papperl, liebe Herrn:
Zum Gabelfrühstück gönn ich mir
ein Tellerfleisch, ein Krügerl Bier,
schieb an und ab ein Gollasch ein,
(kann freilich auch ein Bruckfleisch sein),
ein saftiges Beinfleisch, nicht zu fett,
sonst hat man zu Mittag sein Gfrett.
Dann mach ich – es is eh nicht lang
mehr auf Mittag – mein' Gesundheitsgang,
geh übern Grabn, den Kohlmarkt aus
ins Michaeler Bierwirtshaus.
Ein Hühnersupperl, tadellos,
ein Beefsteak in Madeirasoß,
ein Schweinspörkelt, ein Rehragout,
Omletts mit Champignon dazu,
hernach ein bisserl Kipfelkoch
und allenfalls ein Torterl noch,
zwei Seidel Göß – zum Trinken mag
ich nicht viel nehmen zu Mittag –
ein Flascherl Gumpolds, nicht zu kalt,
und drei, vier Glaserl Wermut halt.
Damit ich's recht verdauen kann,
zünd ich mir mein Trabukerl an
und lehn mich z'rück und schau in d' Höh,
bevor ich auf mein' Schwarzen geh.
Wann ich dann heimkomm, will ich Ruh,
weil ich ein Randerl schlafen tu,
damit ich mich, von zwei bis vier,
die Decken über, rekreir'.
Zur Jausen geh ich in die Stadt
und schau, wer schöne Stelzen hat,
ein kaltes Ganserl, jung und frisch,
ein Alzerl Käs, ein Stückerl Fisch,
weil ich so früh am Nachmittag
nicht schon was Warmes essen mag.
Am Abend, muß ich Ihnen sagn,
eß ich gern leicht, wegn meinen Magn,
Hirn in Aspik, Kalbsfrikassee,

ein kleines Züngerl mit Püree,
Faschiertes und hin und wieder wohl
zum Selchfleisch Kraut, zum Rumpsteak Kohl,
erst später dann, beim Wein zur Not,
ein nett garniertes Butterbrot.
Glaubn S' nicht, ich könnt ein Fresser wern,
ich hab sonst nix, drum leb ich gern,
kein Haus, kein Auto, nicht einmal
ein G'wehr im Überrumplungsfall.
Wenn nicht das bissel Essen wär – –

(Stimme des Volkes:)
Segn S', d e s w e g e n ham S' nix, liaber Herr!

Aus: Wien Wörtlich (1935) von Josef Weinheber
(1892–1945).

Manche Köchinnen hatten es mit der
strengen Herrschaft ihrer Arbeitgeber nicht
immer leicht.

Unter der Erde

Alte Wiener Weinkeller

Wie wahrscheinlich bekannt, haben manche der heutigen Wiener Weinkeller ihren Ursprung in den Röhren und Kammern, die während der Zweiten Türkenbelagerung von den eingeschlossenen Wienern angelegt wurden, um das Vordringen der türkischen Mineure zu bekämpfen. Nach der glücklichen Abwehr des osmanischen Angriffs wurden diese unterirdischen Bereiche vielfach als Weinkeller genutzt. Zu diesen historisch bedeutsamen Lokalitäten zählte auch der Esterházykeller, wie die *Illustrierte Zeitung* vom 12. September 1874 zu berichten weiß: »Der Tradition nach – die sich übrigens nur durch die im Keller beschäftigten fürstlichen Beamten fortzupflanzen scheint – ist nur so viel bekannt, daß der Ursprung des Kellers in die Zeit der zweiten Türkeninvasion zurückreicht (1683). [...] Wie es damals mit dem Wasser in Wien bestellt war, ist aus den Aufzeichnungen zeitgenössischer Chronisten nicht zu ersehen; doch steht so viel historisch fest, daß die Wiener, die selbst heute, trotz der großartigen Hochquellenleitung «Nur ka Wosser nöt» singen, nie sonderliche Freunde des farb- und geschmacklosen Nasses waren. Das war auch dem damaligen Fürsten Esterházy kein Geheimniß geblieben. In seinem fürstlichen Herzen regte sich etwas wie Mitleid mit den armen Wienern, und er machte sich anheischig, von seinen Gütern, den Belagerern zum Trotz, so viel Wein nach Wien zu schaffen, als die Wiener nur immer Lust hätten zu trinken; nur machte er dabei die für alle Theile acceptable Bedingung, daß seine Weine von der Einfuhrsteuer (Weinzoll) befreit sein sollten und er das Recht habe, die Wiener auf

»

Die Wiener, die selbst heute, trotz der großartigen Hochquellenleitung ›Nur ka Wosser nöt‹ singen, waren nie sonderliche Freunde des farb- und geschmacklosen Nasses.

«

Der Klassiker »Jetzt trink ma no a Glaserl
Wein« von Carl Lorens bringt die Wiener
Weinseligkeit auf den Punkt.

immerwährende Zeiten mit ungarischem Traubensaft eigenen
Gewächses zu versehen. Die Bedingung ward gewährt und der
heute noch bestehende Keller eröffnet. [...] Doch wollen wir
nun dem ehrwürdigen Keller selbst unsern Besuch abstatten. In
dem schmalen Berggäßchen Haarmarkt, so genannt, weil hier
in uralter Zeit offener Markt mit Flachs abgehalten wurde, stehen wir vor einer halbgeöffneten Eisenthür. Wir treten ein. Vor
uns gähnt ein matterleuchteter Abgrund. Über einer halbgeöffneten Fallthür gewahren wir die etwas seltsame Aufschrift:
Vor Taschendieben wird gewarnt. Ein dankenswerther *Avis au
lecteur!* zumal für den Fremden. [...] Wir steigen denn die hohen
und steilen Holzstufen behutsam tastend hinab, gelangen so
zu einer Glasthür, durch deren blinde Scheiben uns die letzten
Jahrhunderte begrüßen, öffnen sie und steigen noch etwa drei
Stufen tiefer; von da ab schützt aber vor dem unerbittlichen
Gesetz der Trägheit keine menschliche Vorsicht: über die letzten drei Stufen stürzen wir buchstäblich hinab in das grausige
Dunkel und stehen, erstaunt ob unserer Todesverachtung,
auf festem Grund. [...] Es blitzen uns je drei Punkte entgegen:

Lockt seit 1808 ein durstiges Publikum an:
der Esterházykeller.

sie bezeichnen das Augenpaar und das Weinglas; alles übrige
bedeckt demokratisches Dunkel. Einzelne Gruppen füllen den
inneren Raum und behindern nach Thunlichkeit die Passage.
Im Hintergrund sitzt an einem mit dem ganzen harmonisch
erleuchteten Zahltisch der Kassirer, der den Wein verkauft,
[...]. Wie unser Bild zeigt, verschmäht es auch die holde und
elegante Damenwelt nicht, sich von dem »starken« Geschlecht
gelegentlich hinabgeleiten zu lassen in diese düstere Unterwelt,
aus welcher für diejenigen, die nicht zu tief ins Glas geguckt,
das Hinauf leichter ist als früher das Hinunter war.«

   Ob der Besuch dieser fürstlichen Kellerschenke im Jahr
1874 tatsächlich derart gespenstisch und fast ein bisschen
anrüchig war, wissen wir nicht. Überliefert ist hingegen, dass

besagter Keller mit der Adresse Haarhof 1 im Jahr 1808 eröffnet wurde. Ursprünglich konnten die Zecher nicht unter
fünf Maß Wein bestellen, wobei ein Maß etwa eineinhalb Liter
entsprach – für Einzelpersonen oder traute Liebespärchen war
ein Besuch im Esterházykeller daher nicht vorgesehen. Erst ab
1828 erfolgte der Ausschank auch seitelweise, und wir stellen
uns vor, wie der Durstende mit einem »Seitel« mehrere hundert
Meter lang durch die dunklen Gänge zu seinem schon mehrmals verfehlten Tische irrte.

Der Eingang in das unterirdische Reich des Fürsten
Esterházy führt auch heute noch steil hinab, dann gelangt man
in eine kleine Kammer mit Bildern, etwa von Josef Haydn, der
hier gerne zu Gast war, von Fürst Nikolaus Esterházy sowie
vom allgegenwärtigen Kaiser. Über weitere Steilstufen erreichen wir die untere Kellerebene. Nein, es geht nicht weiter
hinunter, dafür haben wir ein mit Ziegeln abgedecktes Universum entdeckt, das sich nicht links zur Schankseite, sondern
zur rechten Seite schier unermesslich ausdehnt. Dieses sub-
terrane Refugium wird unterteilt in zahlreiche Stollen, Gänge,
Kammern und Säle, und wer weiß, wie viele Besucher in den
Irrwegen verdurstet sind.

Der beliebte Urbanikeller,
Am Hof 12, wurde von den
Architekten Humbert
Walcher Ritter von Moltheim
und Robert Oerley gestaltet.

Uns ist jetzt klar, wie schaurig und wie unheimlich diese
Unterwelt beim Fehlen des elektrischen Lichts auf die Trinker
wirken konnte. Und welche Gefahren bei den
steilen Abstiegen in das Kellersystem auf un-
geübte Kletterer lauerten. Doch diese Zeiten
sind vorbei, ähnlich wie im zitierten Textaus-
schnitt stehen einander die Dürstenden im
Wege, Touristen und Einheimische prosten
einander zu, und wir betrachten das von uns
entdeckte Insert nur mehr als Gag: »Warum
die steilen Gänge noch keine Todesopfer ge-
fordert haben, ist leicht erklärt. Die sind beim
Verlassen des Lokals aufwärts zu bewältigen
und nicht umgekehrt.«

Nach dem Esterházykeller wollen wir
jedoch nicht hunderte von Jahren zurück-
blättern, nein, wir wollen jene Weinkeller
besichtigen, die zu Ende des 19. Jahrhunderts
aufsperrten. Die dem Wein zusprechende
Arbeiterschaft bevorzugte die Wirtshäuser
und Heurigenlokale der Vorstadt. Die groß

angelegten Keller der Innenstadt, sprich des heutigen Ersten Bezirks, waren exklusive Refugien jener Schichten, die sich die teurere Innenstadt leisten konnten. Anno 1883 existierten noch 36 Weinkeller, unter ihnen auch der Melker Stiftskeller in der Schottengasse 3. Das Benediktinerstift Melk hatte bereits 1629 von der Gemeinde Wien die Erlaubnis zur Einfuhr von jährlich 40 Fuder Wein aus den stiftseigenen Weingärten in seinen Wiener Hof und 1722 die Befreiung von der Getränkesteuer erhalten. Da heute keiner weiß, wie viele Vierteln wir trinken müssen, um ein Fuder auszuschöpfen, wollen wir das Rätsel lösen: Das Wiener Fuder hatte 32 Eimer und entsprach damit etwa 1855 Litern. Die Multiplikation mit 40 wollen wir uns aus gesundheitlichen Gründen ersparen. Der Ausschank dieser 40 Fuder erfolgte im Keller des Melker Hofes, den schon 1438 das Stift gekauft und später Stück für Stück erweitert hatte.

Da der Melker Hof etwas abseits vom belagerten Mauerabschnitt – Burgbastei und Löwelbastei –lag, waren seine Kellerräume nicht in das Kampfgeschehen eingebunden. Ein interessantes Detail aus jener Zeit ist jedoch überliefert: Im Keller wurden mit Erbsen gefüllte Trommeln aufgestellt – Seismografen der ersten Stunde: Sollten in der näheren Umgebung türkische Mineure ihre Bohrarbeiten aufnehmen, reagierten die sensiblen Erbsen.

Und noch etwas passierte mit dem Keller: Er wurde zu einer subterranen – jeder Wiener kennt den Ausdruck »Subterrain« – Weinausschank. Über die Eröffnung schrieb das *Deutsche Volksblatt* am 1. April 1910: »Der Melker Stiftskeller in Wien. 1. Bez., Schottengasse 3 wird am 2. April d. I. um 5 Uhr nachmittags eröffnet. In seiner einfachen und dabei vornehmen Art ein Stück Alt-Wiens, wird er nicht verfehlen, seinen Zauber auf Einheimische und Fremde auszuüben und nach dem Rathauskeller der größte Sammelplatz für Freunde eines guten Tropfens zu werden. Daß nur reines Rebenblut hier zum Ausschanke gelangt, dafür bürgt der Name des Stiftes Melk, das fast in allen Weingebieten Niederösterreichs Weingärten besitzt und in Gumpoldskirchen eine Spezialität (Spiegler) baut, welche die Perle aller österreichischen Weine genannt werden muß.«

Weil wir zwar von einem Wein-Spiegel wissen, aber keine Ahnung von einem »Spiegler« haben, so forschten wir nach:

Derartige Urkunden waren beliebte
Souvenirs und wurden von den Lokalen als
Werbeträger genutzt.

Im Melker Stiftskeller:
das bürgerliche Publikum der
1930er-Jahre.

Der am 12. Februar 1899 eröffnete Rathauskeller erfreute sich bei den Gästen rasch großer
Beliebtheit.

Es gibt in Gumpoldskirchen bekannte Rieden, und die heißen
»Wiegen« oder »Schwaben« und eben »Spiegel«.

Vollkommen ungestört dürfte der Weinkonsum im
Melker Stiftskeller auch nicht gewesen sein, außer man zählt
eine zünftige Rauferei zur real existierenden Wiener Hetz. Wir
lesen in der Zeitung *Der Tag* am 30. Dezember 1922 unter dem
Titel *Wenn sich Monarchisten besaufen* folgende Zeilen: »Herr
Marian Saifert ist ehemaliger Offizier, Monarchist und Maler,
Herr Paul Lukeneder ist auch ehemaliger Offizier, Monarchist
und Artist. Am 19. November mußten sie ihren Kummer um
die vergangene herrliche Zeit und ihren Groll gegen die böse
Republik in Wein ersäufen. Zu diesem Zwecke suchten sie den
Melker Stiftskeller in der Schottengasse auf. Aber Kummer
und Groll mußten an ihnen furchtbar gezehrt haben, denn sie
vertilgten ein ganz gehöriges Quantum Wein. Da kam ihnen
die besoffene Idee, vom Direktor des Stiftskellers zu verlangen,
er möge ihnen am 3. Dezember sein Lokal überlassen, da sie
eine Krönungsfeier für König Otto veranstalten wollten, an

welcher sich tausend Monarchisten beteiligen würden. Der Direktor lehnte ab. Das versetzte Marian Saifert in solche Erregung, daß er seine monarchistischen Gefühle nicht mehr bis zur Krönungsfeier zurückhalten konnte, sondern sofort begann Flaschen und Gläser zusammenzuschlagen, das Kaiserlied zu singen und »Hoch Kaiser Karl und König Otto« zu brüllen begann. Polizeiwache wurde verständigt, und als sie eintrat, lag der stramme Oberleutnant Marian Saifert am Boden und brüllte monarchistisch.«

Wir gehen nicht der Frage nach, wie man denn monarchistisch brüllen könne, sondern wenden uns der *Kronen Zeitung* vom 27. Februar 1925 zu. Hier lesen wir unter dem Titel *Schwerer Raufexzeß im Melkerkeller* einige interessante Details: »Gestern abends ist der Rechnungsbeamte Walchenbrenner, Holochergasse 42 wohnhaft, im Melker Stiftskeller, Schottengasse 3, wo er als Gast weilte, mit dem Markthelfer Ferdinand Venera, Lenaugasse 11, in Streit geraten. Ehe noch das Personal und in der Nähe befindliche Gäste die Streitenden trennen konnten, ergriff Venera einen Sessel und versetzte seinem Gegner einen wuchtigen Schlag auf den Kopf. Walchenbrenner stürzte schwerverletzt zusammen und hat nach Aussage des Arztes der rasch herbeigeeilten Rettungsgesellschaft eine schwere Kopfverletzung durch Bloßlegung der Kopfschlagader erlitten. Er wurde auf die I. Unfallstation gebracht.«

Nun, diese Zeiten sind vorbei; im Melker Stiftskeller kann man heutzutage zwischen sieben Räumen wählen, die Räumlichkeiten verraten die Handschrift eines Raumdesigners, der die alten Kellergewölbe sanft adaptierte, und von den Rieden des Melker Stiftes stammt der bekömmliche Veltliner, der hier kredenzt wird.

Vom ehedem »monarchistischen« Melker Stiftskeller benötigen wir per pedes nur ein paar Minuten bis zum Rathauskeller. Der wurde relativ spät eröffnet, nämlich am 12. Februar 1899. Zu diesem Zeitpunkt lebte der Architekt des Rathauses, Friedrich von Schmidt, nicht mehr, er starb im Jahr 1891. Hätte er den Keller seines Rathauses gerne besucht? Wir vermuten, ja. Warum? Friedrich von Schmidt war bekannt für einen hingebungsvollen Umgang mit dem Rebensaft. Als am 21. Oktober 1882 der »Eiserne Rathausmann« auf die Turmspitze gehievt werden sollte, kletterte

»

Vom ehedem »monarchistischen« Melker Stiftskeller benötigen wir per pedes nur ein paar Minuten bis zum Rathauskeller.

«

der Architekt über verschiedene Leitern auf die Spitze des Turmes, um der aufwendigen Prozedur aus unmittelbarer Nähe folgen zu können. Nun, die Winden setzten die Last in Bewegung, der 650 Kilo schwere Ritter schwebte hinauf, bis er sein Postament auf der Turmspitze erreicht hatte. Keine Kette war gerissen, kein Stein abgebröckelt, der Rathausmann stand tatsächlich auf des Turmes Spitze.

Nun soll der Architekt das erste Weinglas getrunken haben – »auf den Kaiser«. Das leere Glas schleuderte er in den Innenhof, das Glas blieb unversehrt. Dann leerte Schmidt das zweite Glas »auf Österreich«, schleuderte es hinunter, und wieder brach das Glas nicht. Dann folgte das dritte Glas – »auf die Stadt Wien«. Das Glas flog hinunter – und zersplitterte in unzählige Scherben.

Der Kunstschlosser Alexander Nehr, Schöpfer des eisernen Ritters, erzählt dagegen eine vollkommen andere Version. Ihr zufolge zerschellten die ersten Gläser und nur das dritte Glas, das der Architekt der Gemeinde Wien widmete, blieb erhalten.

Das Rathaus selbst wurde am 12. September 1883 feierlich eröffnet, dem 200. Jahrestag der siegreichen Schlacht gegen die Belagerungstruppen Kara Mustafas. Zu dieser Zeit wurde um die Gestaltung des Rathauskellers noch eifrig gestritten. Zwar hatte bereits 1871 der Wiener Gemeinderat beschlossen, dass das Rathaus unbedingt einen Rathauskeller benötige, ohne den – so vermuten die Autoren – der reibungslose Betrieb des Rathauses nicht garantiert werden könne. Doch man konnte sich über grundlegende Dinge nicht einigen. Sollte er eine Schankhalle für den einfachen Mann und die einfache Frau aus dem Volk werden? Oder ein unterirdisches Galaetablissement für die gehobenen Schichten und ihre Soireen?

Wie in Wien üblich, wurde ein Kompromiss gefunden. Mann und Frau aus dem Volke können zuvorderst auf einem einfachen Tisch Platz nehmen und die Glaseln bestellen. Die Damen und Herren vom Stande suchen die hinteren Räume auf, wo sie – auch in Gruppen – etwa im Ratskeller oder im Ratsstübchen sich unbehindert und zurückgezogen amüsieren können. Der Ratskeller – heute heißt er Rittersaal – ist übrigens mit Episoden aus der Wiener Geschichte dekoriert, im Ratsstübchen – heute das Ratsherrenstüberl – sorgen Wiener Sagenmotive für den Wandschmuck. Insgesamt gibt es fünf Säle, die etwa 1.200 Besuchern Platz bieten.

Über die Eröffnung des Rathauskellers berichtet *Die Fremdenzeitung* am 18. Februar 1899 wie folgt: »Am 12. Februar (Fasching-Sonntag) 1899 hat Frau Vindobona ihren Ratskeller dem Publikum zur Eröffnung gebracht, helle Musik und frohe Laune belebte die anheimelnde Trinkstätte, welche ein Lieblingsort für Einheimische und Fremde zu werden verspricht.« Heutzutage ist der Rathauskeller auf Rostbraten spezialisiert – so gibt es sechs verschiedene Arten der Zubereitung. Dazu kann man einen gemischten Satz vom Weingut Cobenzl bestellen. Das gehört – wenig überraschend – der Gemeinde Wien. Prost!

Wer entsprechende Mengen getrunken hatte, hatte wohl das Gefühl abgehoben zu sein und sah die Welt aus anderer Perspektive. Grußpostkarte aus dem Jahr 1905.

Schwender & Gschwandner

Die großen Vergnügungspaläste

Wer aus den gehobenen bürgerlichen Kreisen in den Achtzigerjahren des vorvorigen Jahrhunderts sein oder ihr Tanzbein schwingen wollte, für den oder die gab's vor allem eine Adresse erster Wahl: Schwenders Kolosseum in Fünfhaus. Der riesige Tanzpalast – nein, eine Verschachtelung von Tanzpalästen – lag im langgestreckten Geviert zwischen der Mariahilfer Straße, der heutigen Reindorfgasse und der – eh klar, möchte man meinen – heutigen Schwendergasse sowie dem anschließenden Schwendermarkt. Wie kamen die Wiener in vornehmen, für Bälle tauglichen Kleidungsvarianten dort hinaus, ohne sich unters gemeine Volk mischen zu müssen? Der umsichtige Entrepreneur installierte einen Abholdienst, ein eigenes Fuhrunternehmen und karrte mit Kutschen, später sogar mit Omnibussen, die Tanzwilligen nach Fünfhaus hinaus.

Kurz zur Geschichte des Tanzpalastes, nein, das wäre verniedlichend, also des Etablissements: Ehedem gehörte das dort stehende Palais samt Park dem Ehepaar Arnstein, das dort einen »Salon« unterhielt. Da der Junior Ludwig Arnstein kein Interesse zeigte, im Palais zu verweilen – ihn störten die nahegelegenen Arbeiterviertel –, entschloss sich das Ehepaar Arnstein zum Verkauf. Nun schlug die Stunde von Carl Schwender, der 1833 als 25-Jähriger aus Karlsruhe als Gasthausbursch nach Wien gekommen war. Er errichtete ein Kaffeehaus, dazu an der Mariahilfer Straße einen imposanten Tanzsaal sowie ein Hotel, wofür ein Teil des Parks verbaut wurde: Das »Kolosseum« war geboren. Er verdiente recht gut, die Wienerinnen und Wiener tanzten, was das Zeug hielt, und kostümierten sich, was die Kostüme hielten. Herr Schwender ließ einen zweiten Tanzsaal errichten, der mit dem ersten über eine Korridorbrücke verbunden war. Integriert war eine »Bierhalle« mit einem eigenen Orchester, unter anderem spielten regelmäßig die »Deutschmeister«. Damit nicht genug, er opferte einen Großteil des verbliebenen Gartens für einen dritten Saal samt einem zusätzlichen Varieté-Theater. Die ersten beiden Säle hießen »Amorsaal« und »Florasaal«, den neuen Palast nannte er »Harmoniesaal«. Das Theater fasste an die 500 Plätze, die Darbietungen begannen erst nach 22 Uhr, da hatten die anderen Theaterstätten in Wien meist schon geschlossen, es handelte sich dabei also um Spätabend- oder Nachtvorstellungen. An den Seitenwänden hingen Porträts der Schauspieler Theresa Krones, Ferdinand Raimund, Johann Nestroy und Wenzel Scholz. Im Theatersaal dominierten etwas kitschig die Farben Blau und Silber. Vorerst gedieh das Kolosseum prächtig – man konnte den Namen des römischen Monsterpalastes hoch oben unter dem Dachfirst lesen. Doch Carl Schwender starb im Jahr 1866 mit 57 Jahren. Seine Nachfolge trat sein Sohn an, der ebenfalls Carl Schwender hieß, was natürlich zu Verwechslungen führen konnte.

In der Stadt berühmt waren Schwenders Hausbälle sowie seine Lumpenbälle. Historiker streiten, wo die Lumpenbälle zum ersten Mal stattfanden, auch die »Rote Bretze« (Ecke Grundsteingasse/Brunnengasse in Ottakring) rühmte sich, die Lumpenbälle erfunden zu haben. Bei diesen wurden die

Faschingsvergnügen jenseits der Linie: Werbepostkarte für das Etablissement Stalehner in der Jörgerstraße.

Regeln des bürgerlichen Geschmacks ins Gegenteil verkehrt: Die Teilnehmer mussten die hässlichste, abstoßendste und albernste Kostümierung auswählen und erschienen als Diebe, als Einbrecher, eben als Lumpen.

Und noch etwas. Kulinarisch geschätzt wurden die von Schwender inszenierten Tafelgerichte. So wurden am Aschermittwoch an langen Tischen tausende Teller mit typischen Spezialkreationen angeboten. Die hießen unter anderem: Hummerduell, Forellenmenuett und Orpheus auf dem Delphin. Wer es wissen will: Letzterer Name zeichnete einen Riesenlachs aus.

Nachdem etwa zehn Jahre lang der Schwender das Nonplusultra der gehobenen Unterhaltung war, ging es relativ schnell bergab. Der Neuigkeitseffekt war schnell verbraucht, zudem war es wirtschaftlich aufwendig, einen derartigen inhomogenen Betrieb zu führen, der Bälle, Tanzvergnügungen mit Orchester, Bierhalle, Theaterbetrieb und anderes mehr unter einem Dach vereinigte. Carl Schwender der Jüngere starb im Jahr 1876, der Komplex wurde verpachtet. Die Wiener stürmten nicht mehr in Massen ins Kolosseum, vielleicht waren sie der gestylten und geballten Unterhaltung überdrüssig. Sie bevorzugten eher den Besuch des 1870 eröffneten Musikvereins, einem Bau von Theophil Hansen am Karlsplatz, oder einen der zahlreich aufkommenden bukolischen Blumenbälle.

Der Betrieb des Kolosseums wurde am 26. April 1897 geschlossen und der Gebäudekomplex am 1. April 1898 demoliert. An seine Stelle entstanden der »Schwenderhof« (15, Mariahilfer Straße 189–191) und weitere Mietshäuser, die durch übergreifende Stilelemente einen geschlossenen Charakter bewahrt haben.

So, und da einer der Autoren dereinst in der Hernalser Gschwandnergasse wohnte, wollen wir über das Etablissement Gschwandner berichten. Es befand sich zwischen der Hernalser Hauptstraße 39 sowie 41 einerseits und der Geblergasse (und somit ein schönes Stück entfernt von der heutigen Gschwandnergasse) andererseits. Herr Johann Gschwandner (1802–1862) eröffnete hier in den 1830er Jahren ein ganz normales Heurigenlokal; sein Sohn Georg Gschwandner (1832–1901) führte den ehemaligen Heurigenbetrieb in neue Dimensionen. 1877 eröffnete er eine große Halle, die von Zeitzeugen oft als »Basilika« beschrieben wurde. Später kamen noch zwei Säle dazu, der »Strauss-Lanner-Saal« sowie der »Schützensaal«.

Der Zugang erfolgte durch ein Foyer von der Hernalser Hauptstraße. Unter den Sälen wurde die Kellerei und das Presshaus eingerichtet, der Heurigenbetrieb wurde also unter veränderten Vorzeichen fortgesetzt, und so entstand beim »Gschwandner« eine geglückte Verbindung eines vorstädtischen, ja dörflichen Schankbetriebes mit einer distinguierten Vergnügungsstätte des Großbürgertums.

Zur Unterhaltung wurden geboten: Wäschermädelbälle, die vom »Gschwandner«

»

So entstand beim »Gschwandner« eine geglückte Verbindung eines vorstädtischen, ja dörflichen Schankbetriebes mit einer distinguierten Vergnügungsstätte des Großbürgertums.

«

Das Herzstück des Etablissements
Gschwandner in der Hernalser Hauptstraße:
der riesige Saal.

aus sich in Wien verbreiteten, weiters »Fiakerbälle«, und jeden
Sonntag spielte eine Militärmusikkapelle. Natürlich spielten die
Schrammel-Brüder auf, dazu die mit ihnen befreundeten Musiker wie Georg Dänzer – bitte nicht verwechseln mit einem
ähnlich klingenden Musiker, der hundert Jahre später einen
»Nackerten« im Hawelka sichtete. Die offizielle Bezeichnung
lautete »Grand Etablissement Gschwandner«, das die Besucher
auch mit Boxkämpfen und kinematografischen Vorführungen
anlocken wollte. Die Bandbreite der Gäste war groß. Einerseits
konnte man den Vorstadtdichter Ferdinand Sauter begrüßen,
der sicher gerne an Gschwandters Weinen nippte und danach
unaufgefordert seine neuen Verse rezitierte, auf der anderen
Seite den honorigen Bürgermeister Karl Lueger, der sich beim
Gschwandner gerne unters Volk mischte.

Als Georg Gschwandner starb, berichtete das *Neue*
Wiener Abendblatt am 14. November 1901: »Heute ist hier,
Hernalser Hauptstraße Nr. 41, der Etablissementbesitzer Georg
Gschwandner nach kurzer Krankheit gestorben. Er war einer
der ältesten Weinbauern von Hernals und Besitzer des größten
Theiles des berühmten ›Alsegger-Grundes‹, welcher den Aus-

Das »neue« Etablissement Stalehner nach dem Umbau
zu Beginn des 20. Jahrhunderts. Bei seiner Eröffnung gaben
sich zahlreiche populäre Musiker wie Carl Michael Ziehrer und
Edmund Eysler die Ehre.

läufer des Wienerwaldes bildet und sich durch Neuwaldegg,
Dornbach und bis zur Hälfte von Hernals hinein erstreckt. Auf
diesem Abhang wächst einer der besten Weine, der unter dem
Namen ›Alsegger‹ bekannt ist. Gschwandner war auch Besitzer
der ältesten und größten Weinpresse, der sogenannten ›Zehent-
presse‹, welche früher bei St. Stephan aufbewahrt und aufgestellt war. Auf dieser Presse mußten alle Winzer ihre Trauben
pressen und je nach dem Ertrag wurde ihnen die Steuer be-
messen. [...] Dem Verstorbenen wurde zu wiederholten Malen
die Ehre zuteil, bei verschiedenen Anlässen vom Kaiser an-
gesprochen zu werden. Das letzte Mal war dies bei der Wiener
Kochkunstausstellung, wo ihn der Kaiser mit folgenden Worten
ansprach: ›Ich kenne Ihren Namen bereits und es freut mich,
Sie als ältesten Weinhauer kennen zu lernen.‹ Gschwandner
antwortete: ›Jawohl, Majestät, das bin ich auch.‹«

Jetzt wollen wir die Gegenwart streifen. Die Lokalität hielt sich recht und schlecht bis in die Sechzigerjahre des 20. Jahrhunderts, immerhin zählte sie noch Heinz Conrads, Fritz Muliar oder das Sängerduo Pirron & Knapp zu ihren Gästen. Danach wurde sie als Radiofabrik benutzt, später als Requisitenlager, noch später dösten die Säle vor sich hin, mehr oder weniger dem unausweichlichen Untergang geweiht.

Bis sie im Jahr 2017 vom Regisseur und Produzenten Bernhard Kammel entdeckt wurden. Er griff das historische Konzept mit den drei Sälen auf, baute eine moderne technische Infrastruktur ein und änderte den Zugang: Der erfolgt nun über die Geblergasse 40. Unter dem Namen »Reaktor« wurde der Gesamtkomplex am 16. Februar 2018 eröffnet. Geboten werden Konzerte, Ausstellungen und Performances. Bei der Eröffnung des »Reaktors« standen die »Gschwandner Tänze« auf dem Programm, die der Komponist Friedrich Cerha in jungen Jahren in Erinnerung an das alte Etablissement komponiert hatte – die Verbindung zum alten »Gschwandner« war wiederhergestellt.

Doch wohin sollten die proletarischen oder kleinbürgerlichen Massen ziehen, um sich zu delektieren? Nun, da hätten wir zwei passende Adressen parat: Zum einen die schon erwähnte »Rote Bretze«, in der gerne Edmund Guschlbauer auftrat und die für ihre »Lumpenbälle« sowie für den Vogelmarkt – man konnte Singvögel im Käfig erwerben oder austauschen, sehr beliebt waren Spottdrosseln – bekannt war. Auch die Kegelbahn zog viele Gäste an, weil man hier vorzügliche Delikatessen wie Widder, Schwein oder Kalb gewinnen konnte.

Zum anderen die »Blaue Flasche«, die bis 1997 an der Adresse Neulerchenfelder Straße 14 stand. Bei dem in der zweiten Hälfte des 18. Jahrhunderts erstmals erwähnten Etablissement handelte es sich um eine der ältesten Gastwirtschaften Neulerchenfelds. Sie bot erst Johann Strauß Vater Auftrittsmöglichkeiten, sodann auch seinem Sohn. Johann Strauß junior führte in der »Blauen Flasche« im August des Postrevolutionsjahres 1849 seine Scherzpolka »Liguorianer-Seufzer« (op. 57) zum ersten Mal auf – ein Spottlied auf den Redemptoristenorden, der von den 1848ern scharf attackiert und zum Rückzug aus Wien genötigt wurde. Ein Text zur Polka war bald gefunden, das Publikum pfiff und grölte mit, der Ausdruck »Katzenmusik« wurde für solche Schmähungen verwendet. Und was passierte? Die Polka wurde kurz darauf verboten und die Noten konfisziert, eine Ausgabe der Orchesterfassung ist bis heute nicht veröffentlicht worden.

Die revolutionäre Tradition blieb jedoch erhalten. Ignaz Nagel und Anton Amon traten als Duo auf, ihre Spottverse über die Politik und die gesellschaftlichen Verhältnisse wurden in Neulerchenfeld gerne gehört. Schließlich war Neulerchenfeld, wir folgen einem Buchtitel des Volksbildners Karl Ziak, *Des Heiligen Römischen Reiches größtes Wirtshaus*.

Zurück zur »Blauen Flasche«. Zudem verfügte die Gastwirtschaft über einen Gelehrtentisch, an welchem unter anderen die Professoren Carl von Rokitansky und Josef von Škoda, beide führende Mediziner in ihrer Zeit, Platz nahmen. Und über einen Schauspielerstammtisch mit Herren – ja, es waren nur Herren aus dem Burgtheater. Und über einen Schriftstellerstammtisch, an dem oft der Feuilletonist und Humorist Friedrich Schlögl gesichtet wurde. Last but not least war »Die Blaue Flasche« das Lieblingswirtshaus des aus dem salzburgischen Werfen zugewanderten Autors Ferdinand Sauter, den wir bereits als Stammgast im »Gschwandner« gesichtet hatten.

Sauter sollte die »Blaue Flasche« literarisch verewigen:

> *»Der Bursche wandelt froh hinaus zur Linie*
> *Ins Trinkerland, ins lust'ge Lerchenfeld.*
> *Da winkt ihm nicht die Zeder und die Pinie*
> *Doch frischer Labetrunk für wenig Geld.*
> *Und ist der Rubikon dann überschritten,*
> *so zieht er rechts die wohlbewußte Bahn,*
> *und in der langen Häuserreihe Mitten*
> *die ›Flasche‹ findet jeder ohne Plan.«*

Bereits am 30. Oktober 1864 verstarb Ferdinand Sauter an der Cholera. Am 5. Mai 1904 fand in der »Blauen Flasche« anlässlich des 100. Geburtstages des Dichters eine Gedenkveranstaltung statt, im Klubzimmer der »Blauen Flasche« wurde schließlich die »Sauter-Gesellschaft« gegründet.

Neun Jahre später, 1913, wurde das beliebte Lokal in ein Kino umgewandelt, das den Namen fortsetzte: Es hieß »Blaues Flaschen Kino«. Noch vor 1938 übernahm die auf Tanzschulen spezialisierte Familie Thumser das bereits 1922 geschlossene Kino, um dieses ebenfalls zu einer Tanzschule umzubauen. Nach dem Zweiten Weltkrieg waren die Zeiten hart und die

Hotel u. Restaurant
„STALEHNER"
WIEN, XVII. Jörgerstr. 22.

Jeden Sonn- u. Feiertag
großes Militärkonzert.

Jeden Montag und Donnerstag
im Karneval
Monstre-Masken-Bälle.

Im Bierkeller:
Täglich Konzert
— bei freiem Entree. —

Jeden Dienstag u. Freitag
Spezialitäten-Abend.

Jeden Sonn- und Feiertag
Militär-Frühschoppenkonzert.

22—7.   o   o   o

Militärmusik und »Monstre-Masken-Bälle«: Dieses Programm garantierte auch im Stalehner für zufriedene Gäste.

Sitten dementsprechend streng. So führte Frau Paula Thumser, die Paula-Tant', ein strenges Regiment, zumindest was die Etikette betraf: kein Zutritt für Herren ohne Krawatte! Ob es auch das legendäre große Schild mit der Aufschrift gegeben hat: »Die p.t. Gäste werden höflich gebeten, die Tanzlokalität ohne Messer zu betreten«?

Ein bekannter Zeitzeuge namens Gerhard Bronner erinnerte sich an dieses Nachkriegsetablissement. Und zwar wie folgt: Als Mitarbeiter des Senders *Rot-Weiß-Rot* hatte Bronner eine Orchesterprobe zu leiten, und diese Orchesterprobe fand in einer der tagsüber leerstehenden Lokalitäten der Tanzschule Thumser, ehemals »zur Blauen Flasche«, in der Neulerchenfelder Straße 14 statt. Er entfernte sich nach Abschluss der Orchesterprobe unverzüglich, ließ jedoch seine Aktentasche mit den Noten liegen.

Als er dies bemerkte und umkehrte, war es bereits zu spät: Der Hausmeister des Etablissements konnte oder wollte ihm nicht helfen. Er empfahl ihm lediglich: »Da müssen'S halt auf'd Nacht wiederkommen.« Bronner blieb nichts anderes übrig, als sich »auf'd Nacht« erneut zum Thumser zu begeben. Dort lernte er etwas kennen, was er noch nicht kannte: Weil beim Thumser draußt in Neulerchenfeld war nämlich Perfektion, das heißt, die Tanzschüler und Tanzschülerinnen trachteten, das bereits Erlernte zu perfektionieren.

Während er auf Rückerstattung seiner Mappe mit den Noten wartete, wurde er Zeuge eines Stakkatos von Verbalinjurien, welche in Handgreiflichkeiten ausarteten. So vernahm er einen Schrei: »Paß auf G'schupfter, die Sau hat a Messer!« (Gerhard Bronner, *Meine Jahre mit Qualtinger*, 2003). Bronner erinnert sich weiters: »Wer oder was diese »Sau« war, habe ich nie in Erfahrung bringen können.« Was folgte, ist bekannt: Jenes legendäre Lied mit dem Refrain »Weil beim Thumser draußen in Neulerchenfeld is Perfektion.« Heute finden wir an dieser Adresse eine Parfümerie einer Großkette; nichts verweist mehr auf die legendäre »Blaue Flasche«.

WEANER MAD'LN.

Im Takt
der Musik

»Wo man singt, da lass dich
ruhig nieder«. Diesem Motto
folgend waren die Wienerinnen
und Wiener schon immer
treue Stammgäste in diversen
Etablissements, Singhallen und
Gaststätten.

Ope(r)n-Air für alle

Wenn die Musik spielt

Wer historische Wiener Ansichtskarten sammelt, stößt auf eine Reihe von Sujets mit dem Titel »Burgmusik«. Unzählige Varianten sind verbreitet, darunter: »Burgmusik: Fahnenübergabe«, »Die Burgmusik: Abmarsch« oder auch »k. k. Hofburg. Franzensplatz mit Burgmusik«. Der Ort des Geschehens ist somit klar beschrieben. Wir stehen im Inneren Burghof, hinter uns ist das Schweizertor und vor uns halb links stehen Reihen von Soldaten im Karree aufgestellt. Dazu spielt die Musik. Das Ganze ereignet sich im ausgehenden 19. oder im frühen 20. Jahrhundert. Dazu gesellen sich, auch hier zitieren wir einen Titel von Ansichtskarten, »Wiener Typen, Stammgäste bei der Burgmusik«. Die Karten zeigen junge Männer, die offenbar nichts anderes im Sinn haben als tägliche Stammgäste der Burgmusik zu sein. Wahrscheinlich sind sie arbeitslos, doch sie haben es immerhin geschafft, zusammen mit Schusterbuben, Wäschermädeln, dem Dienstmann, der resoluten Standlerin vom Naschmarkt und anderen Figuren in die Reihe der legendären »Wiener Typen« aufgenommen zu werden. Das Wien Museum widmete eben jenen »Wiener Typen« im Jahr 2013 sogar eine eigene Ausstellung mit dem Untertitel »Klischee und Wirklichkeit«. Derart neugierig geworden, untersuchen wir die Wirklichkeit von anno dazumal. Wie war das mit der Burgmusik?

Eine kompakte Erklärung bietet das *Historische Lexikon Wien* von Felix Czeike, das wie immer die erste Instanz ist, wenn wir uns mit der Wiener Vergangenheit beschäftigen. Wir lesen: *Burgmusik (1, In der Burg; ursprünglich Franzensplatz). Die im Leopoldinischen Trakt der Hofburg untergebrachte Burgwache wurde hier mittags abgelöst. Bei dieser Gelegenheit gab eine Militärmusikkapelle ein mehrere Stücke umfassendes Konzert, das*

Ein beliebtes Ansichtskartenmotiv: Die »Typen von der Burgmusik« – Burschen, die herumhängen und offenbar nichts Besseres zu tun haben.

als Burgmusik bekannt wurde. Es lockte stets ein großes Publikum an, das dann in Gemeinschaft mit den so genannten »Pülchern« (beschäftigungslosen Burschen) die abziehende Kapelle auf ihrem Weg in die Kaserne zu begleiten pflegte. Die Burgwache wurde von der Wiener Garnison gestellt. Somit sind wir den Stammgästen der Burgmusik, den Wiener Typen, auch einen kräftigen Schritt nähergekommen. Der Begriff »Pülcher«, wahrlich keine ehrenhafte Bezeichnung, hat sich bis heute erhalten.

Fesche Uniformen und schneidige Marschmusik – diese Mischung beeindruckt immer, sie »funktioniert« und begeistert. Damals wie heute zieht sie Menschen in den Bann, es müssen weder ausgewiesene Freunde des Militärs noch Musikliebhaber sein. Die Wiener Burgmusik erlangte weit über die Reichshaupt- und Residenzstadt hinaus Berühmtheit. In der *Neuen Freien Presse* vom 17. Jänner 1889 lesen wir von einem Kostümfest des Vöcklabrucker Eislaufvereins, das unter dem Motto »Ein Rendezvous bei der Burgmusik in Wien« stand: »[Das Kostümfest] vereinte alle Typen, die in Wien die ständige Begleitung der Burgmusik bei der Ablösung der Wache bilden. Besonders malerisch und phantasievoll waren die Kostüme der Damen.« Gut, dass auch das gesagt wird. Ein Blick auf so manche Ansichtskarte zeigt eindeutig: Die meisten der Damen und Herren waren fein herausgeputzt, das gehörte wohl zum guten Ton. Viele Wienerinnen und Wiener nutzten die Gelegenheit, um sich bei diesen Gratismusikdarbietungen ganz bewusst in ihrem schönsten Gewand zu zeigen.

Die Burgmusik war ein fixer Bestandteil im Alltag Wiens geworden – und bot sogar Stoff für ein Bühnenstück. 1891 verfassten die beiden damaligen Erfolgsautoren Vinzenz Chiavacci und Leopold Krenn die Posse *Einer von der Burgmusik*. Die Uraufführung fand am 15. Jänner 1892 im Theater in der Josefstadt statt. »Zum Schlusse des Stückes, da es auf der Bühne keinen Familienjammer, keine Erbschleicherei und auch nicht einen ledigen Menschen mehr gibt, wird der Titelheld, dem dieser Segen zu danken ist, mit einem Amtsdienerposten belohnt. Wir haben schon gesagt, daß die Posse überaus freundlich aufgenommen wurde. Am stärksten und anhaltendsten war der Beifall nach den ersten zwei Aufzügen.« (*Die Presse*, 15. Jänner 1892). Die immer wieder zitierten Typen finden wir auch auf der Titelseite der *Österreichischen Illustrierten Zeitung* vom 11. April 1896 treffend dargestellt: »Mit klingendem Spiele ziehen die Truppen, begleitet von einer Schaar Wiener Typen, in die Burg.« Weiter heißt es im Text: »Die beste Gelegenheit, jenen Theil der Wiener Bevölkerung aus den ›enteren Gründen‹ kennen zu lernen, aus welcher sich die Kaste der vielgenannten ›Pülcher‹ recrutirt, bietet den Fremden der Aufmarsch der Burgmusik. In dichten Schaaren marschiren sie vor der ›Banda‹ einher und aus ihren Gesichtern leuchtet das stolze Bewußtsein: ›Mir san mir‹«. Passend dazu ein fingierter Wortwechsel aus der Satirezeitung *Die Glühlichter* (14. April 1898):

Ist das nichts
- *Schurschl, kriag i net a a Medaillen?*
- *Du hast ja nöt gedient.*
- *Aber i bin drei Jahr' mit der Burgmusik mitmarschirt.*

Dass es bei den Auftritten der »Randgruppen« immer wieder zu Zusammenstößen mit der Polizei kam, war Teil des Alltags und verwundert uns nicht. Wenn hie und da der Kaiser einen Blick aus dem Fenster warf und das bunte Treiben beäugte, dann hielten diese Augenblicke des imperialen Interesses sogar die Medien fest: »Während der Produktion erschien auch für einige Augenblicke der Kaiser, der heute zur Erteilung der allgemeinen

Wenn zu Kaisers Zeiten die Burgmusik aufspielte, waren viele
Zuseher wie hier am Michaelerplatz garantiert.

»
*In dichten Schaaren marschiren
sie vor der ›Banda‹ einher und
aus ihren Gesichtern leuchtet das
stolze Bewußtsein: ›Mir san mir‹.*
«

Audienzen in die Hofburg gekommen war, am
Fenster, was die Landwehrmusiker als eine
ganz besonders befeuernde Ehrung betrachteten.« (*Linzer Volksblatt*, 9. Jänner 1909).

Mit dem Ersten Weltkrieg war Schluss
mit lustig. Die Militärs hatten andere Sorgen,
schon im Vorfeld des Kriegs lesen wir im
Prager Tagblatt vom 2. April 1914: »Längst
schon ist der Rechenstift in den Händen des Offiziers gleichberechtigt mit dem Säbel, und was dieser Stift manchmal auf
dem Papier ausrechnet, ist oft der Verzicht auf eine liebgewor-
dene Gewohnheit. Ein förmlicher Schreck ging jüngst durch die
Wiener, als jemand behauptete, die Militärmusiken sollten in
ihrer Zahl beschränkt werden, die Kriegsverwaltung brauche
Geld und nochmals Geld ...« Der Autor billigt den Militärs zu,
sie mögen bei den aufwendigen Uniformen etc. sparen. »Das
alles kann schließlich der Rechenstift tun; aber die Militärmusik — — da soll er doch gleich auf den Bergen von Grinzing
Kartoffeln und Salat pflanzen, statt Weinreben. Ein echter
Wiener überlebt das nicht.«

»Volles Haus« mit 40.000 Zuhörern: die hölzerne
Sängerhalle beim 10. Deutschen Sängerbundfest im
Juli 1928 auf der Jesuitenwiese.

Hier finden wir Parallelen im 21. Jahrhundert: Als das
Verteidigungsministerium beschloss, die Militärmusik zu redu-
zieren, war in manchen Teilen der Bevölkerung die Empörung
groß. Als dann diese Entscheidung rückgängig gemacht wurde,
waren die Fans der Militärmusik wieder glücklich.

Trotz der Entbehrungen des Ersten Weltkriegs haben die
Wienerinnen und Wiener auch nach 1918 ihre Liebe zur Musik
keineswegs verloren. Dabei sprengte das Zehnte Deutsche
Sängerbundfest, das vom 19. bis 23. Juli 1928 in Wien ausgetragen wurde, alle Rekorde. Auf der Jesuitenwiese wurde die hölzerne Sängerhalle,
ein dreischiffiges Bauwerk, das für 35.000
Sänger und 40.000 Zuhörer konzipiert war,
errichtet. Wer sich das Sängerbundfest im
Detail ansieht, der muss erkennen, dass das
Musikfest ganz im Zeichen eines deutsch-
nationalen Kulturverständnisses stand und
von manchen als großangelegte Propaganda-
veranstaltung für den »Anschluss« genutzt
wurde.

»

*Trotz der Entbehrungen des Ersten
Weltkriegs haben die Wienerinnen
und Wiener auch nach 1918
ihre Liebe zur Musik keineswegs
verloren.*

«

Wien Schubertfeier, X. Sängerbundesfest

Entrückt in den Wiener Komponistenhimmel mit Beethoven,
Strauß und Mozart: Schuberts 100. Todestag im Jahr 1928 bot
Anlass zur Verklärung des Meisters.

Im Vorfeld gab es vom 3. bis 17. Juni 1928 Schubertfest-
wochen, die anlässlich des 100. Todestages des Liederfürs-
ten abgehalten wurden. Auf zahlreichen Plätzen Wiens bot
sich – im Rahmen der zum zweiten Mal abgehaltenen Wiener
Festwochen – Gelegenheit, Musik bei Freiluftveranstaltun-
gen zu hören. So gab's am 5. Juni im Türkenschanzpark ein
Schubert-Konzert, am 6. Juni folgte am Josefsplatz eine erste
Schubert-Serenade, die von den Wiener Philharmonikern vorgetragen wurde, die zweite war am 14. Juni. Weitere Auffüh-
rungsorte waren der Burggarten mit einem Brahms-Bruckner-
Abend, der Heldenplatz, auf dem ein historisches Bläserkonzert
(16. Juni) stattfand, oder der Innere Burghof mit einer Volkslie-
deraufführung des Deutschen Volksgesangvereines.

Zu den bemerkenswerten Konzerten der Wiener Festwochen 1928 gehörte auch die Schubertiade, die der Gesangverein österreichischer Eisenbahnbeamten im Türkenschanzpark veranstaltete. Ehrenchormeister Professor Führich und
Chormeister Pilß stellten, wie die *Reichspost* am 7. Juni 1928
berichtete, »mit besonderem Feingefühl ein ganzes Programm
von Schubertchören zusammen, das durchwegs schön heraus-

gearbeitet, in kultivierten, zarten Klangfarben und reicher dynamischer Abschattierung zum Vortrage kam. Auch seltener gehörte Chöre von Schubert, wie ›Liebe‹ und ›An den Frühling‹ konnte man hier begrüßen.«

Wechseln wir die Szenerie, machen wir einen Besuch in der größten Naturarena Europas. Die befand sich im noblen Döbling auf der Hohen Warte. Das dort befindliche Heimstadion der 1894 gegründeten Vienna fasste zu seinen besten Zeiten 85.000 Zuschauer und war bis zur Eröffnung des Praterstadions (1931), des heutigen Ernst-Happel-Stadions, auch Spielstätte des Nationalteams.

Die Vienna hatte in den frühen 1930er-Jahren ihre erfolgreichste Zeit und spielte auf gleicher Höhe mit den Top-Vereinen Rapid und Austria. Fußballexperten wissen, dass die Blau-Gelben (so die Vereinsfarben) 1931 den Mitropapokal gewannen und so Sieger des damals höchsten europäischen Cupwettbewerbes wurden. Just in jener sportlichen Hochphase betrat eine Größe der Opernwelt den Rasen der Hohen Warte: Maria Jeritza, die 1887 in Brünn geborene Diva, gab am 4. Juni 1932, »an geweihter Sportstätte«, ein Konzert. Kurz ein paar Meilensteine ihrer Vita: Eigentlich hieß die Brünner Sängerin Jedlitzka oder Jedličková. Im Jahr 1905 debütierte die Jeritza am Olmützer Stadttheater, 1910 kam sie über München an die Wiener Volksoper. Zwei Jahre später veranlasste der Kaiser, dass sie an die Hofoper engagiert wurde. Von 1921 bis 1932 war sie im Ensemble der Met, der New Yorker Metropolitan Opera. Wer wundert sich noch, dass die *Neue Freie Presse* am Tag nach dem Auftritt der Grand Dame auf der Hohen Warte nur Rosen streute? »Die tausende sonst nur von einem schuß-gewandt durchs Tor gebrachten Ball entzückten Besucher jubelten ihr, ihrer Persönlichkeit, ihrer Kunst zu. Sie siegte wie sie wollte, holte alle Punkte, alle Zähler; der erste Platz in der Gesangsmeisterschaftstabelle ist ihr sicher. Erstaunlich, wie ihre Stimme, durch Lautsprecher verstärkt, den gewaltigen Raum durchdrang, eine richtige Freiluftstimme [...].« Rund 30.000 Besucher waren gekommen, das Stadion war also gerade zur Hälfte gefüllt. Unter ihnen war auch Bundeskanzler Engelbert Dollfuß. Die Diva war in einem hellblauen Kleid erschienen. Duette aus der *Toten Stadt* Korngolds und Puccinis *Tosca* sang sie mit Josef Kalenberg, einem in Köln geborenen Tenor der Wiener Staatsoper. Es folgten dann Stücke der leichteren Muse von Franz Lehár und Johann Strauß. »Überflüssig zu sagen, da die damit angeschlagene volkstümliche Note der Volksfeststimmung besonders entsprach, daher auch die Entente zwischen der in mitreißende Frohlaune modulierenden Künstlerin und ihren enthusiastischen Hörern.« Am Pult stand Oswald Kabasta, ein 1896 aus Mistelbach gebürtiger Dirigent und Komponist. »Professor Kabasta, der Dirigent des Orchesters, hebt den Stab, schon leuchten die goldblonden Haare Maria Jeritzas auf, stürmischer Applaus, der freilich nicht so dröhnend wirkt wie im geschlossenen Raum des Operntheaters, begrüßt die Künstlerin, dankt ihr nach jedem Stück, das sie zum besten gibt, zeichnet auch ihren Partner aus und schwillt besonders nach den letzten Darbietungen an. Es war der Walzer ›An der schönen blauen Donau‹.«

Wer heute Open-Air-Konzerte dieser Kategorie besuchen will, geht in den Park von Schloss Schönbrunn. Hier laden die Wiener Philharmoniker einmal im Jahr zum Sommernachtskonzert unter freiem Himmel.

Betrat am 4. Juni 1932
den Rasen der Hohen Warte
und gab hier ein Konzert:
Opernweltstar Maria Jeritza.

Weil i a alter Drahrer bin

Von Publikumslieblingen, Gassenhauern und frühen Schlagern

Einer der bekanntesten und beliebtesten, um nicht zu sagen, *der* Wiener Volkssänger des ausgehenden 19. Jahrhunderts war Edmund Guschelbauer. Mit einem Lied sollte er die Herzen der Wiener im Schwung erobern – als Strafe musste er dieses Lied tausende Male vortragen:

> *Wann i auf d'Nacht ins Wirtshaus kumm*
> *Da rennt der Wirt, der Kellner um*
> *Die Gäst schrein servas alter Spatz!*
> *'s macht mir a jeder gleich an Platz*
> *Denn mich kennt Alt und Jung in Wien*
> *Denn mich kennt Alt und Jung in Wien*
> *Weil i a alter Drahrer bin.*

Bei seinen Auftritten wiederholte Guschelbauer einige Male die letzte Zeile, mit einladenden Gesten forderte er das Publikum dazu auf, den Refrain mitzusingen, bis sich auch der mürrischeste Besucher in der letzten Reihe dazu aufraffte – heute würden die Schlagerstars ihr Mikrofon zum Publikum richten.

Zur Geschichte des »Drahrerliedes«: Guschelbauer war als Schauspieler im Strampfer-Theater unter den Tuchlauben tätig, das von 1871 bis 1884 bestand. In einem Stück, das der Theatersekretär Ludwig Pohlhammer geschrieben hatte und *Der Werkelmann* hieß, trat Guschelbauer mit einem Leierkasten auf die Bühne. Sein von Johann Sioly komponiertes Schlusslied war dann unser »Drahrerlied«. Während das Theaterstück durchfiel und längst vergessen ist, konnte dieses Schlusslied das Publikum total überzeugen: Mehr noch, es wurde zum absoluten Hit und Gassenhauer im Wien von 1880.

Guschelbauer – 1839 in der Alservor-stadt geboren – verließ um 1879 das Strampfer-Theater und agierte als Volkssänger auf den gängigen Wiener Bühnen, in Etablissements und Tanzhallen. Und sang dann zur Hetz seines Publikums das bereits allen bekannte Drahrerlied. Bis heute hat sich der »Drahrer« im Wiener Dialekt gehalten und verweist auf einen kleinen Hallodri, dessen einerseits leichter und andererseits Respekt gebietender Lebenswandel von allen Mitbrüllenden beneidet wurde.

Historiker haben ausgerechnet, dass Guschelbauer während seiner 40 Jahre andauernden Karriere an 8.730 Abenden in über 550 Gasthäusern, Hallen und Bühnen auftrat. Sein Auftreten war natürlich gestylt, nichts blieb dem Zufall überlassen. Er posierte eher starr, bar jeder Mimik, mit erhobenen Händen und weißen Handschuhen im Frack, eine Hand konnte ein Bierkrügel halten, und am Haupte trug er den »Stößer«, den Fiakerhut, mit dem etwas später auch Alexander Girardi bekannt werden sollte. Seine nicht besonders ausgeprägten schauspielerischen Fähigkeiten kompensierte er jedoch durch eine kräftige, wohltönende Stimme, die selbst die große Katharinenhalle in Weigl's Dreherpark akustisch ausfüllen konnte.

Zu bemerken wäre noch, dass Edmund Guschelbauer, der in einem Findelhaus geboren wurde, mit seinen Auftritten gut verdiente. Noch vor der Jahrhundertwende wird sein Vermögen mit 100.000 Gulden angegeben. Trotz methodischer Probleme bei der Umrechnung würden wir heute auf einen Wert irgendwo um die zwei Millionen Euro kommen.

Der Berliner Schriftsteller Paul Landau schrieb über ihn: »Ein merkwürdiges Gemisch von Freude am heiteren Dasein und zugleich von einer vorwurfsvollen Selbstanklage wegen des verwünschten, aber ach! so köstlichen Bummellebens.« Als Guschelbauer 1912 starb, hätte man anlässlich der Leichenzeremonie vor dem Grab einen Refrain eines seiner Gassenhauer intonieren können:

Mit dem Namen des legendären Volkssängers Edmund Guschelbauer ist das Lied »Weil i a alter Drahrer bin« untrennbar verbunden.

Und auf mein Stan
Muß stehn allan:
Da liegt a echter Weana
War no vom alten Schlag
Jetzt liegt er ruhig da unten
Und wart am jüngsten Tag!

Zwölf Jahre jünger als Edmund Guschelbauer war Carl Lorens (1851–1909). Auch seine Lieder haben wenig gemeinsam mit der nüchternen Wirklichkeit, sondern zielen in wohlfeiler Selbststilisierung auf eine Flucht aus der Wirklichkeit. Je bedrückender die Verhältnisse auf dem Wiener lasten – ja, wir sprechen hier absichtlich von der männlichen Variante, von der Wienerin ist in diesem Zusammenhang kaum die Rede, oder der Gesang, desto mehr sehnt er sich nach einer nicht hinterfragten und nur positiv konnotierten »alten Zeit«, in der der Wiener »vom alten Stamm« den (musikalischen) Ton angibt. Diese Flucht aus der Wirklichkeit transzendiert auf einfache und lockere Weise ins »allerletzte Haus«, also in den Tod, dem viele der Wienerlieder mit einem gefälligen Unterton gewidmet sind. Und besagte Flucht aus der Wirklichkeit lässt sich auf gefällige Weise mit dem Konsum von Wein und Bier verbinden.

Das heute noch oft gehörte »Jetzt trink' man no a Flascherl Wein« stammt beispielsweise aus der Feder von Carl Lorens und auch die jeweiligen Wirte werden ob dieses trinkfreudigen Refrains recht begeistert gewesen sein. Das Lied beginnt wie folgt:

Der Weana is fidel,
er fliagt mit Leib und Seel'
nur auf a Hetz, a G'stanz,
auf laute, runde Tanz
Sitzt er beim Heurig'n wo
da schmeckt der Wein ihm so,
da kriagt er gar net gnua',
er trinkt bis in der Fruah!

Der Textdichter und Komponist Carl Lorens übersiedelte 1873 von Matzleinsdorf nach Meidling, konkret nach Gaudenzdorf. Der Autodidakt schrieb an die 3.000 Lieder, die von verschiedensten Künstlern – so auch von Alexander Girardi – interpretiert wurden. Da Lorens jedoch bei all diesen Interpretationen

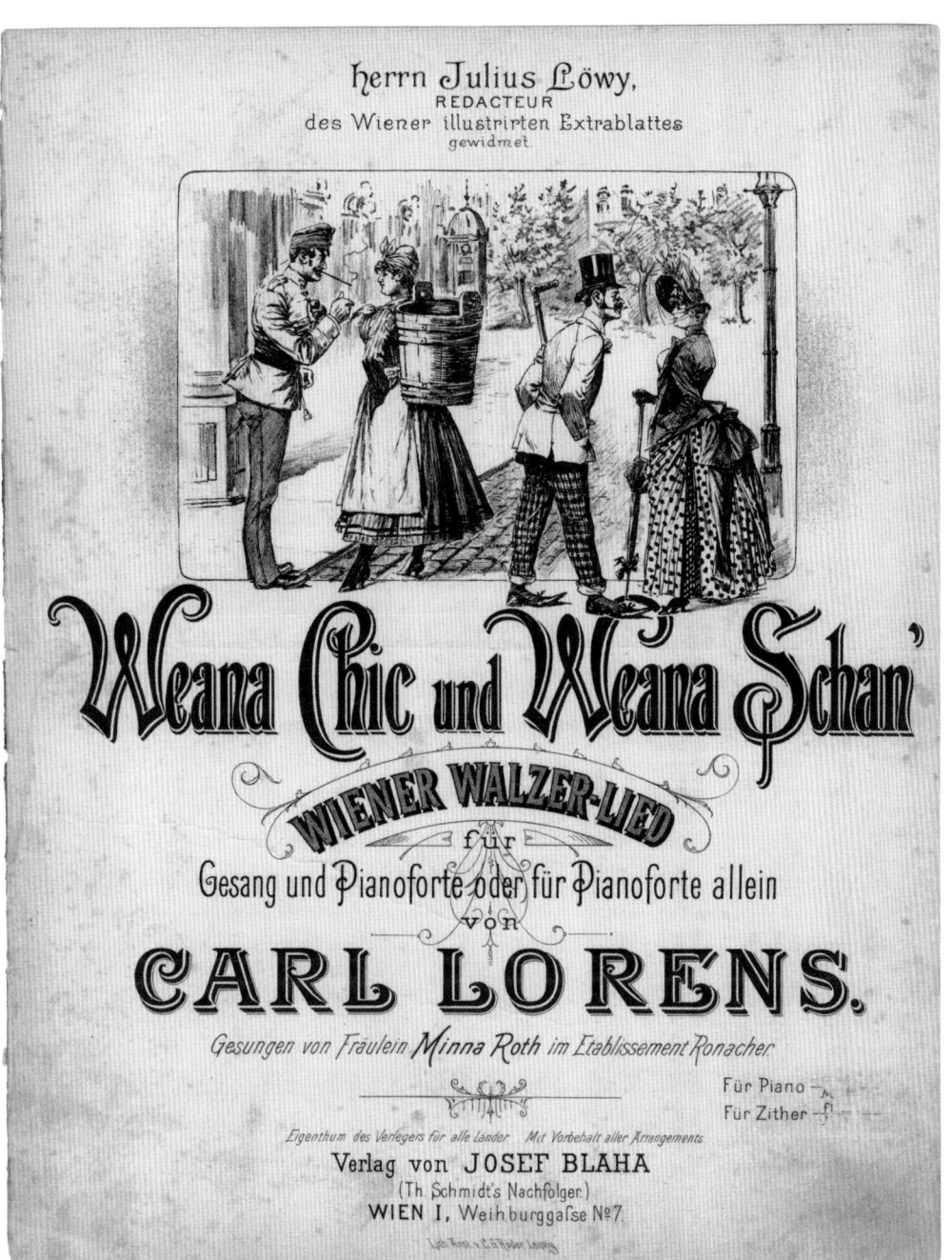

Der Name Carl Lorens ist weniger bekannt
als seine Lieder, wie etwa sein heute
noch gesungenes »Jetzt trink' man no a
Flascherl Wein«.

nur einmal vom Verlag honoriert wurde, musste er selbst andauernd auftreten – vor allem in den Gasthäusern in Gaudenzdorf und Meidling. Obwohl er nicht die Ausstrahlung eines Guschelbauer hatte, fand er mit seinen Gassenhauern ein treues Stammpublikum. Interessanterweise konnte er auch außerhalb von Meidling reüssieren. So gastierte er mit seinen Wienerliedern im heute ukrainischen Lwiw, dem damaligen Lemberg und in Ternopil, heute Tarnopol.

Im Gegensatz zu seinem Konkurrenten Guschelbauer erbrachten ihm seine Auftritte nicht den erhofften Reichtum. Völlig verarmt starb Carl Lorens im Dezember 1909 im Wiener Sophienspital. Auf seinem Grabstein am Meidlinger Friedhof kann man eine für ihn typische Strophe lesen:

> *Und wenn ich einmal sterben sollt',*
> *So soll es dorten sein,*
> *Wo auf den Bergen ringsherum*
> *Wächst Österreicher Wein.*
> *Als Abschied singt mir noch ein Lied*
> *Vom deutschen Vaterland.*
> *Dann senkt mich in ein kühles Grab*
> *Am blauen Donaustrand.*

Der Wein ist also österreichisch, das Vaterland hingegen deutsch. Am 17. Juli 1931 erschien in der Zeitschrift *Radio-Wien* anlässlich seines 80. Geburtstages ein Beitrag über Carl Lorens. »Unter den volkstümlichen Meistern des Wienerlieds«, so die Meinung des von der RAVAG herausgegebenen Wochenblatts, »nimmt Carl Lorens, das urwüchsige Kind der Vorstadt, einen besonderen Rang ein. Er bezeichnete sich als ›Gesangskomiker‹ und trug in einer schlichten, völlig ungekünstelten Art Lieder vor, die, fern der Schablone, durch die Originalität des Einfalls lebhaftes Interesse fanden und die Herzen der Zuhörer eroberten. [...] Die Kollegen bestürmten ihn um ›Novitäten‹, die Lorens verschwenderisch ausstreute, und die Verleger griffen gern nach den Liedern des wienerischen Minstrels.

Tragische Verwicklungen und dramatische Höhepunkte hat es im Leben Carl Lorens' nicht gegeben. Er führte als junger Mann eine brave Frau heim, die ihm die beste Lebensgefährtin blieb, verstand es als Epikuräer, den Tag geschickt einzuteilen, und schrieb

» *Der Wein ist also österreichisch, das Vaterland hingegen deutsch.* «

über zweitausend Lieder, die stärkste Verbreitung fanden. Der Niedergang des Volkssängertums und die Einstellung der Wiener des zwanzigsten Jahrhunderts auf anders geartete Volkskunst trübten den Lebensabend des gefeierten Volksbarden und Dichters. Kurz nach seinem 40jährigen Sänger- und Schriftstellerjubiläum (1. April 1909), erkrankte der herkulisch gebaute und stämmige Sänger und verschied nach wenigen Wochen.«

Heute ist auf der Schönbrunner Straße 184 eine Gedenktafel zu seinen Ehren angebracht. Zudem trägt der 1927/28 errichtete Gemeindebau in der Längenfeldgasse 14–18 seinen Namen.

Weil wir bisher von den männlichen Vortragskünstlern berichtet haben, wollen wir auch auf die Sängerinnen der damaligen Zeit hinweisen. Bei ihnen wurden vom männlich dominierten Publikum andere Prioritäten vorausgesetzt: Sie sollten keck, drollig, frivol und ein bisschen vorlaut auftreten, ihren Texten schadete auch eine gewisse Anzüglichkeit oder Zweideutigkeit nicht.

Wer sich an der Kunst einer solchen »Weibsperson« delektieren wollte, der pilgerte zu den Auftritten der »Fiaker-Milli«. Die hieß zwar Emilie Tureček und war am 30. Juni 1848 in Chotěboř geboren, aber mit diesem Namen konnte man in Wien damals keine Karriere machen. Wiewohl wir uns gerne an die Folgen des »Kaisermühlen Blues« der 1990er-Jahre im Fernsehen zurückerinnern, in dem Brigitte Neumeister die resolute Hausmeisterin Leopoldine Turecek mimte – wie sich doch die Zeiten ändern!

Ihr Kostüm wurde ihr Markenzeichen: Stets – und wir betonen: stets! – trug sie einen eng anliegenden Jockeydress, dazu Stiefel mit Sporen, und in der Hand hielt sie die Reitgerte. So trat sie bei Fiaker- und Wäschermädelbällen auf, bei denen sie gegen Mitternacht die große Attraktion war, wenn sie mit ihren G'stanzln und Couplets die vielleicht nicht mehr ganz nüchterne Männerwelt bezirzte. Privat hatte sie den Ruf einer sexuell äußerst freizügigen Frau, die keinem Rendezvous aus dem Wege ging. In den Polizeiakten wurde sie zudem als Prostituierte geführt.

In den 1860er- und frühen 1870er-Jahren war die Fiaker-Milli der Mittelpunkt einer Clique, die sie zu den Auftritten begleitete und die Stimmung entsprechend »anheizte«; 1874 heiratete sie schließlich den Fiaker Ludwig Demel und

Das Bühnenkostüm der Fiaker-Milli, bürgerlich Emilie Tureček, Jockeydress, Stiefel mit Sporen und Reitgerte, war im 19. Jahrhundert »der« Aufreger.

übernahm bald darauf das Fiakerunternehmen ihres Mannes. Doch die Wirklichkeit eines seriösen Berufes war um einiges anstrengender als das flotte Leben einer Fiaker-Milli. Der Betrieb ging in Konkurs, die Fiaker-Milli starb in völliger Armut am 13. Mai 1889 im 41. Lebensjahr und wurde am Dornbacher Friedhof in einem Schachtgrab begraben.

Damals reizten ihre frivolen Texte die bürgerlichen Kolumnisten – so etwa Friedrich Schlögl – zu erbitterten Kritiken. Heute würde sie damit kaum Aufsehen erregen. Wir zitieren ihr bekanntestes Couplet »Ich bin halt noch so unerfahren«, geschrieben von Clemens Franz Stix:

> Ich war im Dienst bei einer Frau,
> die war in allem sehr genau
> und hat mir strengstens anbefohln,
> dem Herrn nit zfolgn, sollt er was wolln.
> Ja mein, hab i mir denkt im Stilln,
> was hat denn nur die Frau für Grilln?
> Ihr Herr is ja a »meiner« gwiß,
> drum ghört sichs, daß man folgsam is!
> Drauf hab ich mich beim Herrn beschwert,
> der hat den Grund mir dann erklärt,
> worüber ich nit war im klarn,
> ich bin halt noch so unerfahrn.

Beruflich und ökonomisch konnten die bekanntesten damaligen Sängerinnen langfristig nicht reüssieren. Mit einer Ausnahme, und die hieß Fanni Hornischer. Laut Zeitzeugen waren ihre stimmlichen Fähigkeiten begrenzt. Dafür zischte, jodelte, jauchzte sie, was ihre Stimme hergab – zur Gaudi des männlichen Publikums. Mit Gustav Schöpl (1852–1939) hatte sie einen handwerklich sattelfesten Textdichter, der jedoch vor antisemitischen Tendenzen nicht zurückscheute, heute würden manche seiner Textewohl auch als sexistisch bewertet werden. Fanni Hornischers großer Hit »Ein Aufmischer von der Hornischer« stammte von Richard Leukauf. Wir bringen Auszüge:

> A Herr, a recht alter Steiger auf d' Leut,
> der hat mit die Madel, wenn's jung sind, a Freud.
> Doch weil er frech und zu keck war, verwogn,
> is er mit an Schupfer über d' Bodenstiegen gflogen.

...
Über an frischen Aufmischer
Von der Hornischer,
da gibt's schon nix!

Doch auch für so manchen bürgerlichen Rezensenten sprengte sie mit ihren Liedern die Grenzen des guten Geschmacks. Kritisch urteilte etwa der Schriftsteller und Wien-Kenner Friedrich Schlögl: »Wie sie wie eine Ente im dicksten Zotensumpf herumplätschert und ihr die Jauche bis an die Stirn spritzt!« (zitiert nach Michaela Lindinger, *Sonderlinge, Außenseiter, Femmes fatales*).

Nach dem Ausklingen ihrer Bühnenkarriere eröffnete Fanni Hornischer, die mit bürgerlichen Namen ganz unscheinbar Franziska Bauer hieß, ein Zuckerlgeschäft in der Hofmühlgasse 21 im 6. Gemeindebezirk. Am 26. Februar 1911 starb sie im 65. Lebensjahr im Kaiserin-Elisabeth-Spital.

Auf einen Publikumsliebling warten wir noch, und das war ein umjubelter Schauspieler, und von dem wollten die Wiener immer nur das eine Lied hören, das bis heute in verschiedensten Fassungen immer noch gesungen wird: das »Fiakerlied«. Der gefeierte Schauspieler hieß Alexander Girardi und war der Paradekomiker des Theater an der Wien.

Die Premiere des »Fiakerliedes« erfolgte im Lusthaus im Wiener Prater. Nach der Öffnung des Praters 1766 wurde das auch als *casa verde*, als »grünes Haus«, bezeichnete Jagdhaus von Isidore Canevale zu einem »Lusthaus« umgebaut. Um ein Versinken in den immer wieder überfluteten Prateraauen zu vermeiden, wurde es auf einem Sockel errichtet. Isidore Canevale war in Wien bekannt durch die Errichtung des »Narrenturmes« im ehemaligen Allgemeinen Krankenhaus. In diesem Rundturm wurden psychisch Kranke, die als »Narren« apostrophiert wurden, eingesperrt oder abgesondert.

Ein anderes Publikum traf sich ebenfalls etwas abgesondert hier im achteckigen Lusthaus: Dieses fungierte als Treffpunkt der feinsten Wiener Gesellschaft, sogar der Kaiser soll

Legendärer Wiener Publikumsliebling: Alexander Girardi trug am 24. Mai 1885 das »Fiakerlied« erstmals vor.

hier öfter gesichtet worden sein. Die Bezeichnungen »Nobel-
gaststätte« oder »Luxusgaststätte« tauchten in den damaligen
Zeitungen auf. Bei Jubelveranstaltungen im Prater, etwa den
Blumenkorsos, oder bei Jubiläumsfeierlichkeiten stand das
Lusthaus im Mittelpunkt der Festlichkeiten.

Das Lusthaus selbst kommt auch vor im »Fiakerlied«,
dessen Text von Gustav Pick stammte: »Vom Lamm zum Lusthaus fahr i in 12 Minuten hin«. Mit »Lamm« meinte Gustav
Pick das Wirtshaus »Zum Goldenen Lamm« an der Schweden-
brücke. Nach wohlmeinenden Berechnungen wäre bei dieser
Fahrt der Fiaker auf eine Durchschnittsgeschwindigkeit von
30 km in der Stunde gekommen.

Das »Fiakerlied« von Gustav Pick war übrigens ein Auf-
tragswerk und wurde von der Fiakerinnung bezahlt, die ihren
100. Geburtstag feierte. Am 24. Mai 1885 war es dann soweit:
Anlässlich eines Praterfestes der Fürstin Pauline Metternich
fuhr Herr Girardi als Fiaker verkleidet im offenen Zweispänner
bis zur Rotunde, entstieg der Kutsche und sang das Lied vor
tausenden Gästen, darunter vielen Fiakern:

> *Mei Stolz is, i bin halt an echt's Weaner Kind,*
> *an Fiaker so wia man net alle Tag find't,*
> *und mei Bluat is so lüftig, so leicht wia da Wind,*
> *i bin halt an echt's Weaner Kind!*

Beim Zustandekommen des heutigen Klassikers galt es, so manche Hürde zu überwinden. Bekannt war die Aversion zwischen
dem Textdichter Gustav Pick und dem Schauspieler Alexander
Girardi. Der Bankbeamte Gustav Pick – der weitläufig mit
Arthur Schnitzler verwandt war – weigerte sich vorerst, den
allzu wienerischen Stolz eines Wiener Fiakers im Refrain zu
würdigen.

Und Herr Girardi weigerte sich vorerst standhaft, in der
von ihm verhassten Montur eines Fiakers aufzutreten: Pepita-
hose, schwarzer Samtrock, leuchtendes Halstuch und der
Stößer am Kopf. Die Fürstin Metternich musste sich ins Zeug
legen, um die beiden doch sehr voneinander abweichenden
Typen zusammenzubringen.

Da Gustav Pick jüdischen Herkunft war, verschwand sein
Name still und heimlich aus das Lied ankündigenden Prospek-
ten, nach dem »Anschluss« wurde er von den Nazis überhaupt
verschwiegen.

Schrammel Eserable

H. VOLLSINGER

F. KOMENDA

MEISTER STIMMUNGSSÄNGER
E. KROPFITSCH MEISL

Die vier Herren waren zwar nicht die echten
Schrammeln der ersten Stunde, aber offensichtlich auch beliebt und erfolgreich.

Zum Ausgleich möchten wir Herrn Pick kurz würdigen:
Geboren ward er 1832 im jüdischen Ghetto zu Rechnitz, das
damals noch zu Ungarn gehörte. Ab 1845 lebte er als Bank-
beamter in Wien, im Nebenberuf zeichnete er sich als Klavier-
spieler und Textdichter aus. Sein »Fiakerlied« wurde eigentlich
erst in der Version der »Wiener Schrammeln« zum überwälti-
genden Hit. Er starb 1921 in Wien.

Das Lied lebt in zahlreichen Interpretationen weiter.
Eine Version stammt von Alexander Girardi selbst und ist sogar
über YouTube zu hören. Es fehlt allerdings der berühmte Pfiff
vor dem »an echt's Wiener Kind«. Warum, das wissen wir auch
nicht.

Eine Hetz muss sein

Weigl's Dreherpark

Wenn die Wiener um die Jahrhundertwende eine Hetz haben wollten – ungeachtet der historischen Kontaminierung des Begriffes »Hetz« –, so war es das Einfachste, »Weigl's Dreherpark« zu besuchen. Mit der Stadtbahn bis Schönbrunn, und dann – wir halten uns an den Wortlaut eines damaligen Announcements, »1 Minute zu Fuß«, also kurz hinauf die heutige Grünbergstraße und dann hinein in die Schönbrunner Straße. Allerdings gab es auch eine Alternative: eine Fahrt mit dem L-Wagen. Die Endstation des L-Wagens, der 1907 seinen Betrieb aufnahm und 1959 eingestellt wurde, befand sich laut Fahrplantafel in »Schönbrunners Dreherpark«!

Von der Stadtbahnstation war man sicher länger als eine Minute unterwegs, dann konnte man einen Garten mit epochalen Ausmaßen betreten und an einem der freien Tische Platz nehmen. Wie lange es dauerte, bis unsere Gäste bei einem der vorbeihuschenden Kellner ein paar »Schwechater« bestellen konnten und wie lange es dauerte, bis die »Schwechater« auf ihrem Tisch abgestellt wurden, das können wir leider nicht mehr eruieren. Denn in »Weigl's Dreherpark« gab es Platz für 20.000 Besucher – so steht es auf einer Schautafel des Meidlinger Kulturkreises. Der Wirt war ein wenig bescheidener, er erwähnte immerhin die stolze Zahl von 15.000 Besuchern. »Im Sommer in den 15.000 Personen fassenden Anlagen große Parkfeste. Juli, August, September, Oktober große VARIÉTÉ-VORSTELLUNGEN. Nur Künstler ersten Ranges.«, so der Text in der vorhin schon erwähnten Ankündigung.

Zum Namen unseres Etablissements: Herr Anton Dreher, im Hauptberuf Eigentümer der Schwechater Brauerei und daher jedem Biertrinker ein Begriff, kaufte im Jahre 1884 in der Schönbrunner Straße 303–307 eine Liechtenstein'sche

Weigl's Dreher-Park, Wien XII.

Das Lokal »Weigl's Dreherpark« in Meidling besaß einen riesigen
Gastgarten, in dem Schwechater Bier ausgeschenkt wurde.

Villa mit riesiger Parklandschaft und verpachtete diese an
den Hernalser Wirten Johann Weigl. Deshalb die Bezeichnung
»Weigl's Dreherpark« mit dem falschen Genitiv-Apostroph, die
noch dazu ein bisschen irreführend ist, weil im Park pro Tag
eine Unmenge von »Schwechatern« geleert wurde, der Name
jedoch nicht auf den typischen Wiener »Drahrer« hinwies.

Wie gesagt, wie viele Krügel der Kellner auf einem
Tablett balancieren konnte, wissen wir nicht. Aber es musste
ein »Schwechater« sein, das war klar. Und der Wirt hatte die
Rechnung sicher nicht ohne den Wirt gemacht. Denn ein ein-
ziges Bier trinkt man nicht, das wäre eine Beleidigung für den
Wirt. Wenn also 15.000 Gäste schätzungsweise jeweils zwei
Schwechater tranken, so verkaufte der Wirt 30.000 Krügel
pro Abend, und wir vermuten, dass die Zahl der getrunkenen
Krügel in der offenen Krügelskala nach oben ausbaufähig ist.

Großes Gartenfest in Weigl's Dreherpark im Juni 1907:
Plakat von Franz Karl Delavilla für die Pantomime
»Die Tänzerin und die Marionette«.

Der von der Straße kaum abgetrennte Park mit den vielen Bäumen und den Tischen war natürlich nur in den Sommermonaten zu benutzen. Lange Tischreihen, ebenso lange Lampen- und Baumreihen, die Wege zwischen den Tischreihen mit Kellnern und Tischsuchern überfüllt. Damen mit Hut und Abendkleid, Herren in Uniform oder Einserpanier (für alle, die es nicht wissen: Das ist ein Wiener Begriff für Sonntagsgewand.) Als zusätzliche Attraktion kaufte der Schwechater Bierfürst von Carl Schwender junior eine riesige Halle und ließ diese 1894 in seinem Etablissement aufstellen: Die »Katharinenhalle« war geschaffen. Und in dieser Katharinenhalle gab es »Sensationen« sonder Zahl. Zirkus- und Varietévorstellungen etwa, und für die Sportbegeisterten wurden die damals beliebten Ringkämpfe ausgetragen. Und für jene Damen, die mehr den höheren Zielen zustrebten? – Bitte sehr, ein wissenschaftlicher Lichtbildervortrag nur für Damen, gehalten von Dr. Med. Hans Fischer aus Berlin. Dieser referierte am 13. Oktober 1908, einem Dienstag, in »Weigl's Dreherpark, großer Saal« über: »Wie erhalten wir uns gesunde und schöne Frauen? Wie verhüten wir das vorzeitige Verblühen der Frauen? Warum sind so viele Ehen unglücklich?« Inhaltlich ging's dann unter anderem um folgende Themen: »Was die Frau vom Liebesleben und vom Manne wissen muß« und »Ein Blick ins Innere des weiblichen Körpers«. Da der Vortrag gut besucht, sprich überfüllt war, gab's gleich am Donnerstag einen Zusatztermin. Am Freitag sprach dann selbiger Redner zum Thema »Was der Mann vom Geschlechtsleben des Weibes wissen muß«. So kamen beide Geschlechter auf ihre Rechnung und erhielten – gegen Entrichtung eines Eintrittsgeldes – Nachhilfe in Sexualkunde.

Meist sahen die Unterhaltungen der Männer jedoch anders aus. Im ersten Stock der Katharinenhalle trafen sich im »Altdeutschen Saal« wilde Partien, etwa der Ritterbund der »Schreckensteiner«. Dass es bei deren Treffen wild und abenteuerlich zugegangen sein muss, entnehmen wir einem Text der *Reichspost* vom 17. Juli 1912: »Die ›Schreckensteiner‹ bestohlen. Dem Ritterbunde ›Die Schreckensteiner‹, der seinen Sitz in Weigl's Dreherpark hat, wurden aus dem Rittersaal in der Zeit vom 12. bis 20. April d. J. folgende Gegenstände gestohlen: ein außergewöhnlich großes Trinkhorn mit zweizeiliger Inschrift, in der

»
So kamen beide Geschlechter auf ihre Rechnung und erhielten – gegen Entrichtung eines Eintrittsgeldes – Nachhilfe in Sexualkunde.
«

Kunstanstalt v. Josef Eberle Wien, VII Schottenfeldgasse 38.

Die pompöse Katharinenhalle bot Platz für Festlichkeiten und
Unterhaltungsveranstaltungen, die vielfältiger nicht sein konnten.
Hauptsache, sie wurde gefüllt.

zweiten Zeile der Name ›Hotzenplotz 1892‹ und Gravierung
›Schreckensteiner Ritterbund‹, ferner eine holzgeschnitzte
Uhr in Wappenform, im Zifferblatte der Name ›Hinz 494‹ ein-
gebrannt, ein grünes Barett mit zwei Straußfedern (rot und
weiß) und sogenannte Ritterauszeichnungen, darunter ein Esel
aus Metall, grün gefärbt, an grünem Bande usw. Gesamtwert
ungefähr 300 Kronen. Außerdem wurden ein Tischtuch und
19 Servietten mit dem Firmazeichen ›Weigl‹ im Werte von 30
Kronen gestohlen.«

Zurück zu unseren harmlosen Biertrinkern. Wenn ihnen
fad werden sollte, dann konnten sie einem Volkssänger bei seinen sehr volkstümlichen Gstanzln zuhören; so trat der bekannte Volkssänger Edmund Guschelbauer insgesamt 74 Mal beim

SS aus

Etablissement
Park, Wien.

»Dreher« auf, um dort seinen »Drahrer« anzustimmen, und die schon leicht bierseligen Zuhörer sangen voll Begeisterung den Refrain mit. Neben Guschelbauer gastierten hier unter anderem auch die Sängerkollegen Ignaz Nagel und Anton Führer, die mit ihrem »San ma's oder san ma's net« die Massen begeisterten.

Herr Weigl nutzte natürlich jede sich irgendwie bietende Gelegenheit, um aus dieser ein Ereignis zu machen. Berühmt waren die Veilchenfeste, die natürlich nichts mit den violetten Vereinsfarben der Wiener Austria zu tun hatten, sondern mit dem gerade beginnenden Frühling. Streng genommen haben sie auch nichts mit den Veilchen zu tun, denn sie wurden stets am Wochenende um den 20. Mai abgehalten, und da konnte man sich höchstens ein Plastikveilchen in die Hutkrempe nesteln. Und organisiert wurden die Veilchenfeste vom »Deutschen Schulverein« – dass in Weigl's Dreherpark ein ausgeprägtes »Deutschtum« sehr gepflegt wurde, dürfte schon seit den Treffen der »Schreckensteiner« klar gewesen sein.

Zum Veilchenfest zitieren wir die *Neue Freie Presse* vom 20. Mai 1895: »Das Veilchenfest. Morgen, Samstag, und Sonntag nachmittags wird zur Feier des 25-jährigen Jubiläums des Deutschen Schulvereines in Weigl's Dreher-Park in Meidling das Veilchenfest abgehalten, welches an beiden Tagen um 3 Uhr nachmittags mit einem großen historischen Festzug beginnt und abends um ½ 8 Uhr in der Katharinenhalle mit der Ausführung des von Richard von Kralik verfaßten Festspieles ›Das Veilchenfest zu Wien‹ seinen Höhepunkt erreicht. Die Hauptpersonen des Festspieles sind: Herzog Leopold der Glorreiche von Österreich, seine Gemahlin die Herzogin Theodora und die an dessen Hof versammelten Minnesänger; an diese schließt sich eine große Zahl von Rittern, Edelfrauen, Edelfräulein, Bürgern und Bürgersfrauen, fahrendem Volk und Bauern, die alle während des Festspieles Reigentänze aufführten. Zwischen dem Festzuge und dem Festspiel findet ein Volksfest mit mannigfachen Gesangs- und Musikproduktionen statt. Es wirken an den beiden Festtagen sieben Gesangvereine mit, und zwar am Samstag der Wiener Männergesangverein und die Gesangvereine ›Biedersinn‹ und ›Favoriten‹, und am Sonntag der Deutsche Volksgesangverein, die ›Gersthofer Liedertafel‹, Männergesangverein ›Arminius‹ und der Neubauer Männergesangverein.

Das Brigittenauer Knabenheim veranstaltet ein besonderes Festspiel aus dem Sommertheater; die Mitglieder des

Vereines ›D'Aelpler‹ werden sich mit Volkstanzen produzieren und die Natursänger ›D' Bandmacher‹ werden ihre Quartette hören lassen. Während des Festes konzertieren die Kapelle des Infanterie-Regimentes Freiherr v. Appel und die Marinekapelle Rektenwald. Im Parke werden Zelte errichtet sein, in denen Damen der Wiener Gesellschaft teils den Verkauf von Blumen, Ansichtskarten, Jubelfestmedaillen und Autographenalbums besorgen, teils die Bewirtung der Gäste übernehmen werden. Nach dem Festspiel folgt ein Tanzkränzchen in der Katharinenhalle; der Schluß des Festes, welches bei jeder Witterung stattfindet, ist für 2 Uhr morgens anberaumt.«

Zurück zu unseren oben erwähnten Wienern, die noch immer brav an einem Tische saßen und an ihrem Schwechater nippten. Die hätten beim Veilchenfest sowieso nicht teilnehmen können. Außer sie hätten im Hotel Savoy in Mariahilf schon eine geraume Zeit vorher das nicht billige Ticket gekauft, dort hätte man sie übrigens auch zum Thema »Kostümierung« beraten. Wahrscheinlich hätten es die Veranstalter nicht goutiert, wenn man als Veilchen auftreten wollte.

So bleibt ihnen nichts anderes übrig, als artig ihre Zeche zu bezahlen, und dann – wie bereits gesagt, es dauert nur eine Minute – zur Station der Stadtbahn zu gelangen.

Wir wollen uns jedoch ein bisschen umsehen: Die Gegend um das Schloss Schönbrunn war offensichtlich für Vergnügungsetablissements prädestiniert. Von der Schönbrunner Straße kommen wir mit ein paar Schritten zur Tivoligasse, und oberhalb der Tivoligasse bis zur heutigen Marillenalm befand sich das bekannte »Tivoli« mit seiner legendären Rutschbahn. Doch um 1900 war die Rutschbahn längst entfernt, Herr Johann Wallner betrieb am Standort des »Tivoli« eine Meierei mit Kühen samt vorgebauter Glasveranda. Der Maler Gustav Klimt soll regelmäßig in »Wallners Meierei Tivoli« gefrühstückt haben.

Bleibt noch die Frage: Was ist mit Weigl's Dreherpark im letzten Jahrhundert passiert? – Nun, nach dem Ersten Weltkrieg waren Vergnügungen entweder zu teuer, oder die von Armut und Kummer verfolgten Wiener hatten andere Sorgen. Am nördlichen Teil des Geländes, also auf der Seite der Schönbrunner Straße, wurden Motorradrennen abgehalten. Und im südlichen Teil entfernte man den Baumbestand, das Areal erhielt eine neue Bestimmung: Am 8. Oktober 1921 eröffnete dort der Fußballverein Wacker Wien seinen Spielbetrieb.

1925 wurde die Katharinenhalle abgerissen, da ein Saal dieser Größe vollkommen überdimensioniert und nicht mehr zu gebrauchen war.

Erst in den 1950er-Jahren mussten die verbliebenen Restbestände des »Weigl's Dreherpark« weichen. Dann wurden die im Volksmund als »Fiat-Gründe« bezeichneten Büros von Steyr-Fiat errichtet, an die sich die Autoren noch recht gut erinnern können. Heutzutage hat dort das »Forum Schönbrunn« ein Büro-, Wohnungs- und Geschäftsviertel aufgebaut. Neben der Schönbrunner Straße steht eine Schautafel des Meidlinger Kulturkreises: Wir lesen mit Staunen und Entzücken, dass bis zu 20.000 Biertrinker den Park von »Weigl's Dreherpark« besuchen konnten.

Als man hier zu Beginn des 20. Jahrhunderts mehrmals Veilchenfeste feierte, waren die Frühlingsboten schon längst verblüht.

Veilchenfest in Weigl's Dreherpark
20. und 21. Mai 1905.

Im süß betäubenden Dreivierteltakt

Als Strauß und Lanner aufspielten

Zwei Tage sind wichtig, wenn es um den Wiener Walzer geht: der 12. April 1801, ein Sonntag, und der 14. März 1804, das war ein Mittwoch. An diesen Tagen erblickten die wichtigsten, bedeutendsten und wohl auch beliebtesten Unterhaltungsmusiker der ersten Hälfte des 19. Jahrhunderts in Wien das Licht der Welt: Joseph Lanner und der um drei Jahre jüngere Johann Strauß.

Lanner, der am 14. April 1843 verstarb, hinterließ, so Otto Brusatti in seinem Werk *Joseph Lanner – Compositeur, Entertainer & Musikgenie*, 209 gezählte und sieben ungezählte Werke. Strauß, er verstarb am 25. September 1849 an einer Scharlachinfektion, schrieb 152 Walzer, 32 Quadrillen, 13 Polkas und 18 Märsche.

Tauchen wir ein in das Wien des Biedermeier, einer Zeit, in der angesichts einer strengen Zensur und abseits einer Unzahl von Verboten der Ära Metternich ausgiebig gefeiert und vor allem getanzt wurde. »Nebst den nöthigen Speisenvorräthen fordert der Wiener in jedem Lustlocale, welches seinen Beifall erringen will, auch ein wohlbesetztes Orchester, das vorzüglich Walzer gut vorzutragen verstehen muß; denn seitdem die Tanzmusik einen so hohen Standpunkt erreicht hat, daß Walzercompositionen Werke genannt werden welch' letzteres Prädicat ehedem nur classischen Producten zu Theil ward, [...] und Walzercompositeurs Kunstreisen unternehmen, um in fremden Städten Walzer-Concerte zu geben, seit dieser Zeit ist die Vorliebe für Tanzmusik in Wien so eingerissen, daß man keinen öffentlichen Unterhaltungsort mehr besuchen will, wo nicht Lanner oder Strauß, oder einer der unzähligen Musik-Direktoren, die in neuerer Zeit wie Pilze aufschießen, unter persönlicher Leitung mit ihren musikalischen Arbeits-

Ausgerechnet in der als beschaulich geltenden
Biedermeierzeit begann der Walzer, Inbegriff
der Wiener Musik, seinen Siegeszug anzutreten.

und Tagwerksleuten die neuesten Walzer executiren, bei
deren Klang man erst den haut gout der Speisen und Getränke,
welche bei solchen Gelegenheiten in Menge consumiert werden, vollständig herausfindet.« Schreibt das »österreichische
Conversationsblatt« *Der Telegraph* am 25. Jänner 1837.

Bleiben wir bei Otto Brusatti. Der Musikwissenschaft-
ler belehrt uns, dass der Walzer Musik und gleichermaßen
auch Tanz ist und »beides hat miteinander nicht immer
gleichwertig zu tun«. Wer meinen würde, der Walzer wäre
eine Erfindung der beiden oben genannten Herren, der irrt.
Brusatti dissertierte 1974 über »Nationalismus und Ideologie
in der Musik« an der Universität Wien und berichtet über die

zeitliche Komponente: »Man hat also schon lange vor dem Wiener Kongreß oder gar vor Lanner/Strauß gewalzert.« Und so beantwortete er die Frage »Was ist ein Walzer? Ein Wiener Walzer?« im nächsten Atemzug: »Jedenfalls auch ein Kind von Joseph Lanner!«

Grund genug, die Vita der beiden Herren ein wenig näher zu betrachten. Beginnen wir aber mit einem zeitgenössischen Rückblick aus dem Jahr 1856. Wir zitieren die Worte eines Auswärtigen, des deutscher Journalisten Eduard Maria Oettinger (1808–1872), der im *Humorist* vom 20. April 1856 eine kuriose Würdigung für Johann Strauß verfasste:

> »*Wenn ich einmal die ›Geschichte des Walzers‹ schreiben werde (ein Thema, das ich schon lange mit mir herumtrage) will ich den schönsten aller Tänze in acht Epochen abtheilen und zwar:*
> *1. Vom antediluvianischen Walzer, den Adam und Eva im Paradiese tanzten, bis zum postdiluvianischen Walzer, den Papa Noah mit einer Frau Noema in der Arche getanzt haben soll.*
> *2. Vom Archen-Walzer bis zu jenem Walzer, welchen Marcus Antonius mit Cleopatra in Rom getanzt.*
> *3. Vom Cleopatra-Walzer bis zu jenem, den Doctor Martin Luther mit Katharina von Bora auf der Hochzeit zu Wittenberg getanzt.*
> *4. Vom Martin Luther-Walzer bis zu jenem, welchen der selige Herr von Talleyrand, der ›diable boiteux der französischen Diplomatie‹, mit der deutschen Politik auf dem Wiener Congreß getanzt.*
> *5. Vom Wiener Congreß- bis zum griechischen Ypsilanti-Walzer.*
> *6. Vom Ypsilanti-Walzer bis zur Aufforderung zum Tanze. In diesem Zeitraum fällt die Reformation des Walzers, herbeigeführt durch Carl Maria von Weber.*
> *7. Von Carl Maria von Weber bis auf Franz Carl Joseph Lanner.*
> *8. Von Joseph Lanner bis auf Johann Strauß.*«

Genug der Lobeshymnen. Wer waren die beiden wirklich? Joseph Lanner wurde am 12. April 1801 als Sohn kleinbürgerlicher Eltern in der Mechitaristengasse 5 geboren und noch am selben Tag – das war damals so üblich – in der Pfarrkirche St. Ulrich

Johann Strauß (Vater) und Joseph Lanner, die beiden »Erfinder«
des Walzers, in einem 1905 enthüllten Denkmal von Franz Seifert
im Rathauspark vereint und verewigt.

getauft. Lanners Kindheit war geprägt von den Napoleonischen
Kriegen der Jahre 1805 und 1809. Der junge Lanner erlernte zunächst das Handwerk des Graveurs, seine Ausbildung beendete
er allerdings nicht. Schon früh kam er mit Musik im wahrsten
Sinne des Wortes in Berührung, er hatte eine Violine zur Hand.
Das Naturtalent eignete sich autodidaktisch
die wichtigsten Grundkenntnisse an. Das

»
Wien nach dem Wiener Kongress von 1815 –
wir erinnern an den legendären Stehsatz »Der
Kongress tanzt«, der auf den Fürsten Charles
Joseph de Ligne zurückgehen soll – war ein
guter Nährboden für junge Talente. Zunehmend begannen sich in Wien Musiker mit
eigenen Musikkapellen zu etablieren, die in Lokalen wie dem
»Sperl« in der Leopoldstadt auftraten, um nur eines der bekann-
teren herauszugreifen. Freilich war damals alles streng geregelt,
an Sonn- und Feiertagen, aber auch in der Advent- und Fasten-
zeit war Tanzverbot.

Lanner war – so könnte man sagen – zur richtigen Zeit
am richtigen Ort. Die Quellenlage ist äußerst dürftig, nur

Das Wien nach dem Wiener Kongress von 1815 war ein guter Nährboden für junge Talente.
«

wenige Fixpunkte sind aus seiner frühen Karriere bekannt. Der Musiker begann in einem Trio gemeinsam mit den Geigern Anton Carl Drehanek und seinem Bruder Johann Alois. Ab 1822 verdienten sie sich als professionelle Musiker und geigten sich quasi durchs Leben. Im selben Jahr gastierte Giacomo Rossini in Wien. Lanner griff die Melodien des italienischen Meisters auf und begann, diese neu zu arrangieren. Dazu wieder Brusatti: »Lanners Schreiben hat sich 1820/21/22 ungemein rasch entwickelt.« Unser junger Musiker spielte nun mit den Gebrüdern Scholl und dem Geiger Michael Pamer, der eine eigene Kapelle besaß und unter den Tanzmusikern fest etabliert war. 1825, Lanner war damals 24 Jahre jung, löste er sich von den Musikern und machte sich selbstständig. Er gründete sein eigenes Orchester, suchte neue Musiker und nannte sich fortan Musikdirektor. Lanner war somit Solist und Musikdirektor in Personalunion und leitete zwölf Musiker. Eine Wirkungsstätte der ersten Stunde war im »Schwarzen Bock« (5., Margaretenstraße 27). Aber auch in anderen Lokalen hören wir Lanner musizieren. So im Gasthaus »Zu den zwey weißen Tauben« (Ecke Heumarkt/Marokkanergasse), wo der Wirt »eine Partie echt Bayerisches Märzen-Bier«, dazu Speis und Trank, »in ziemlicher Auswahl und möglichst billig« anbot. Als wäre das nicht genug, hatte der Gastronom noch einen weiteren Trumpf in der Tasche: »Auch werden alle Mittwoche und Samstage Abends beliebte Quintetten unter der Leitung des Jos. Lanner gespielt werden. An den übrigen Tagen ist Harmonie-Musik.« (*Wiener Zeitung*, 5. Mai 1825).

Zu dieser Zeit wurde Johann Strauß Ensemblemitglied in der Lanner-Kapelle. Strauß, der zunächst Bratsche und dann Violine spielte, war wie Lanner Autodidakt in Sachen Musik, sein erlernter Beruf war der eines Buchbinders. Der Vollständigkeit halber sei seine Gesellenprüfung vom 13. Jänner 1822 erwähnt. Am 15. September kam er zum Militär, zum Infanterieregiment der Hoch- und Deutschmeister. Dadurch kam unser Johann Strauß mit der Musik in Berührung; Details würden wir gerne wissen, werden sie allerdings mangels diesbezüglicher Überlieferungen wohl nie erfahren. Verbrieft ist in einem Schreiben vom 20. Mai 1825, dass »*Johann Strauß ausübender Musiklehrer, und Mitglied des Lannerischen Musickvereins*« war. Damit haben wir den Beweis! Beide sind voll im Musikbusiness des Biedermeier etabliert. Dazu kam, dass 1827 auch Strauß sein eigenes Orchester gründete und sich von Lanner löste.

Der »Donauwalzer«, op. 314, von Johann Strauß Sohn prägte wie kein anderes Musikstück eine Epoche: Titelblatt der Klavierbearbeitung, erschienen bei August Cranz in Leipzig.

»

Fortan war das damalige Wien in zwei Lager gespalten, in das der »Lanneristen« und in jenes der Anhänger der Strauß'schen Walzer.

«

Im musik- und walzerbegeisterten Wien von damals war genug Platz für beide.

Fortan war das damalige Wien in zwei Lager gespalten, in das der »Lanneristen« und in jenes der Anhänger der Strauß'schen Walzer. Die einen waren ob der Poesie der Lanner'schen Musik verzaubert, die anderen liebten die ausdrucksstarke, feurige Musik von Strauß. Beide genossen die Gunst des Kaiserhauses, von dem aber auch Direktiven kamen. Der älteste Sohn von Kaiser Franz I., Ferdinand (1793–1875), der ihm als Kaiser Ferdinand I. nachfolgen sollte, hatte angeordnet, dass bei Hofbällen ein Walzer acht Minuten dauern musste sowie eine Einleitung und einen Schlussteil (Coda) habe musste.

Klarerweise hielten sich beide daran, war doch Lanner 1828 zum Leiter der Tanzmusik in den k. k. Redoutensälen ernannt worden. Lanners erstes Werk nach dieser allerhöchsten Vorgabe war sein opus 12 von 1827, der »Terpsichore-Walzer«.

Alle(s) Walzer: Alle »Sträuße« der Walzer-
dynastie vereint, weltberühmte Botschafter
Wiener Musik.

Strauß zog mit seinem »Gesellschafts-Walzer« (opus 5) mit. Den Durchbruch der nun neuen Walzerform erfolgte mit der Uraufführung des »Wiener Launen-Walzers«, dem opus 6 von Strauß, beim Katharinenball im »Weissen Schwan« (9., Nußdorfer Straße 59). »Um das Jahr 1830«, so lesen wir es in dem Artikel *Die Walzer des Biedermeier* des Straußexperten Franz Mailer, »hatte dank Lanner und Strauß die Walzerpartie ihre führende Position unter den Gesellschaftstänzen wieder zurückgewonnen. Und nun begann sogleich der Export des ›Wiener Tanzes‹ in die Zentren Europas.« Strauß war der reisefreudigere, er gastierte mit seinen Musikern zunächst in Pest und machte dann im November 1834 eine größere Tournee, die ihn nach Berlin und Leipzig sowie nach Dresden und Prag führen sollte. Im nächsten Jahr beehrte er den süd- und westdeutschen Raum und spielte unter anderem in München, Ulm, Stuttgart und Frankfurt auf. Über Würzburg, Nürnberg, Regensburg, Passau und Linz kehrte er heim. In den späten 1830er-Jahren lauschte man in Paris und London den Strauß'schen Walzerklängen. Lanner hingegen war weniger unterwegs, kam aber im Zuge der Krönung Ferdinands zum König der Lombardei im Jahr 1838 nach Mailand. Dass er einen »Krönungs-Walzer« (opus 133) komponierte, verwundert uns nicht, ebenso wenig sind wir erstaunt, dass er das italienische Publikum begeisterte, wie *Der Wanderer* am 14. September 1838 glaubhaft belegt: »Das Orchester des Hrn. Lanner, bestehend aus 24 Individuen, hat sich in dem Garten nächst dem Cova'schen Kaffehhause zum ersten Male produzirt. Mehrere der neuesten Walzer Lanner's wurden zur allgemeinen Zufriedenheit des Publikums aufgeführt, und man lobte die Harmonie und die schöne Melodie in jeder einzelnen Parthie.«

Die Perfektion erhielt der Walzer, so sieht es Franz Mailer, durch Stücke wie »Die Schönbrunner« (opus 200) von Joseph Lanner aus dem Jahr 1842 sowie die »Lorely-Rhein-Klänge« (opus 154) von Johann Strauß Vater aus dem Jahr 1843.

Damit wenden wir uns dem Walzer der nächsten Generation, im wahrsten Sinn des Wortes, zu. Schon 1844 gab Johann Strauß Sohn (1825–1899), liebevoll auch oft als »Schani« apostrophiert, später allgemein als »Walzerkönig« bekannt und gefeiert, sein Debüt beim Dommayer in Hietzing. Die Erfolge und die Popularität des Walzers und der Tanzwut der Wiener waren nach dem Tod von Lanner (1843) und Johann Strauß Vater (1849) keineswegs beendet, sondern sie erlebten neue

Blüten, wie etwa eine Passage aus der *Presse* vom 1. März 1854 dokumentiert: »Daß die Tanzlust der Wiener noch immer eine sehr rege sein müsse, scheint schon aus den am Faschingsonntage an den Straßenecken aufgeklebten Anschlagzetteln hervorzugehen, aus welchen nicht weniger als 96 Bälle öffentlich angekündigt waren.«

Holen wir schlussendlich noch eine zeitgenössische Expertenmeinung ein. Wir wollen die Nummer 1 der Musikkritiker des 19. Jahrhunderts, Eduard Hanslick, konsultieren. Hanslick war 1825, also im selben Jahr wie Johann Strauß Sohn, in Prag geboren und verstarb 1904 in Baden bei Wien. Der promovierte Jurist schrieb, so das *Österreichische Musiklexikon*, ab 1846 bei der *Wiener Allgemeinen Musik-Zeitung*, ab 1848 bei der *Wiener Zeitung*, ab 1855 bei der *Presse* und ab 1864 auch bei der *Neuen Freien Presse*. 1856 habilitierte er sich an der Universität Wien zum Privatdozenten »für Geschichte und Ästhetik der Tonkunst«. Dies legitimierte ihn als uneingeschränkten Experten, der in der *Österreichischen Revue* (1864, Heft 6) als k. k. Universitäts-Professor eine lange Abhandlung *Zur Geschichte des Concertwesens in Wien* verfasste. Daraus haben wir nachfolgende Passage über Walzer entnommen: »Der Zustand des öffentlichen Musiklebens um die Mitte und gegen den Ausgang der dreißiger Jahre bietet ein belebtes, aber kleinliches Bild. Es trägt den Stempel des Üppigen, oberflächlich Amüsirenden, den Charakter eines zwischen fader Sentimentalität und flimmerndem Witz sich schaukelnden Sinnenlebens. Der entsprechende musikalische Aufputz einer Periode geistiger Unthätigkeit und größter politischer Verkommenheit in Österreich! Von allen großen geistigen Interessen abgesperrt, warf sich das Wiener Publicum auf den Cultus der kleinlichen, auf das schlechtweg Zerstreuende und Unterhaltende in der Kunst. [...] Strauß und Lanner standen auf dem Höhepunct ihrer Beliebtheit. Fern sei es von mir, das echte und glänzende Talent dieser beiden Männer zu unterschätzen, welche in ihrer Anspruchslosigkeit doch die in sich vollendetsten, originellsten und hinreißendsten Erscheinungen des Wiener Musiklebens jener Epoche bilden. Sie interessirten den Musiker und beglückten das Volk. Allein von dem begeisterten Taumel, in welchen sie Wien versetzten, kann man sich kaum noch eine richtige Vorstellung bilden. Der ›Volksgarten‹

» *Es trägt den Stempel des Üppigen, oberflächlich Amüsirenden.* «

Ein Beispiel für die liebevoll und aufwendig gestalteten Deckblätter der Musikstücke vergangener Zeit: das »Strauss-Album«, eine Sammlung der beliebtesten Tänze von Johann, Josef und Eduard Strauß.

und das ›Wasserglacis‹ waren an Strauß- und Lannertagen factisch die beliebtesten und besuchtesten ›Concertlocalitäten.‹ An Novitäten fehlte es nie; im Jahre 1839 hatten Strauß und Lanner jeder bereits über 100 ›Werke‹ veröffentlicht. Über jede neue Walzerpartie geriethen die Journale in Entzücken, es erschienen zahllose Artikel über Strauß und Lanner, schwärmerisch, humoristisch, pathetisch und jedenfalls länger, als man sie Beethoven und Mozart widmete. Daß dieser süß betäubende Dreivierteltact, der sich aller Köpfe und Füße bemächtigt hatte, nothwendig die große, ernste Musik in den Hintergrund drängte und die Zuhörer zu einer geistigen Anstrengung immer unfähiger machte, begreift sich.«

Wer zwischen den Zeilen liest, erkennt, dass Hanslick wohl kein besonderer Fan des Walzers gewesen sein mag. Trotz der von ihm konstatierten Unfähigkeit zur geistigen Anstrengung warten viele Wiener mit inniger Freude auf das nächste »Alles Walzer«.

Spectacle
müssen sein!

Zuschau'n tut man gern, egal in welcher Lebenslage. Und liegt man im Grab, dann bleibt der Trost, den trauernden Hinter- bliebenen ein letztes Spektakel abgeliefert zu haben.

Flammenschriften & Lichtermeere

Imperiale Illuminationen

»Es werde Licht!« Mit diesen Worten aus der Genesis, der biblischen Schöpfungsgeschichte, entstehen Tag und Nacht, hell und dunkel. Kein Wunder, dass Licht stets mit göttlicher Macht, mit Beginn und Ursprung gleichgesetzt wird. Folglich bemächtigten sich auch die Herrscher der Attribute des Lichts, um ihre erhabene Position zu manifestieren. Nein, wir wollen jetzt keine philosophische Abhandlung schreiben. Wir haben in der Geschichte Wiens einige erhellende Momente, »Illuminationen«, gefunden, die wir Ihnen vorstellen wollen. Natürlich wusste sich auch die habsburgische Herrscherfamilie des Lichts zu bedienen, wenn es bei feierlichen Anlässen um die Demonstration ihrer Macht ging – mit Licht wurde nie gegeizt. Waren es zunächst offene Feuer und Fackeln, so kam später das Gas, ehe man die Vorteile der elektrischen Beleuchtung zu schätzen lernte.

Ein Tag, der ganz im Lichte der Freude stand, war die Hochzeit von Kaiser Franz Joseph mit Elisabeth in Bayern am 24. April 1854. Am Abend dieses denkwürdigen Tages war ganz Wien er- und beleuchtet. Die *Morgen-Post,* die nur vier Seiten hatte, schrieb am 26. April auf zweieinhalb Seiten über »Die festliche Beleuchtung Wiens«. Wir geben nur die ersten Zeilen wieder: »In der gestrigen Nacht bot das beleuchtete Wien einen Anblick von wunderbarer Schönheit. Wer die Stadt umwogt von Millionen Lichtern und Flammen gesehen, dessen Blicken hatte sich eines, jener märchenhaften und reizvollen Bilder aus ›Tausend und einer Nacht‹ enthüllt. In jeder Straße, auf jedem der öffentlichen Plätze glaubte man schon das schönste gesehen zu haben, und war überrascht gleich daraus noch Schöneres und Prächtigeres zu finden.« Am schönsten dürfte wohl der Kohlmarkt gewesen sein, dem eine

Die festliche Beleuchtung des Rathauses
zum 70. Geburtstag von Kaiser Franz Joseph am
18. August 1900.

»feenhafte Beleuchtung« zugeschrieben wird. Wir begeben uns
kurz auf den Neuen Markt, dem einstigen Mehlmarkt – dort
steht heute das Hotel Ambassador, das damals »Munsch« hieß.
»Ober dem Eingange zum ›Hotel Munsch‹ am Mehlmarkte
leuchtete ein großer Adler aus Gasflammen, darunter sprühten
zwischen Feuerbüscheln die aus Feuer gewobenen Wappen
von Österreich und Baiern.« Doch auch die Freyung bot tolle
Anblicke, namentlich das Palais Harrach. »In ihm trat uns der
stolze Bau des venetianischen Dogenpalastes in Flammenbil-
dung entgegen. Man glaubt, sich in die göttliche Lagunenstadt
versetzt, und das Rauschen und Tosen der unermeßlichen
Volksmenge erinnert an das stete nächtliche Gewoge der vom

»

*Im 19. Jahrhundert hätte
das heutige Wort von der
»Lichtverschmutzung« keiner
verstanden.*

«

Markusplatze über die Piazetta ergießenden
Menschenmassen. Aus 20.000 Lampen be-
standen diese feurigen Quadern; diese strahlen-
den Bogen, diese leuchtenden Arabesken und
Kapitale.« Wenn auch heute in der Weihnachts-
zeit viele Straßenzüge durchaus fantasievoll be-
leuchtet sind, so dürfen wir aufgrund derartiger
Schilderungen doch annehmen, dass die moderne
Festbeleuchtung an den Prunk der damaligen
Illumination nicht herankommt.

Damals, im 19. Jahrhundert, als man zunächst noch mit
Gas und später mit elektrischen Lampen die Straßen erleuch-
tete, hätte das heutige Wort von der »Lichtverschmutzung«
keiner verstanden. Vielmehr war man von den tausenden
Lichtern fasziniert, die zu besonderen Anlässen, meist waren es
imperiale Feste, das Dunkel der Wiener Nächte erleuchteten.

Parlament

Auch in der Zwischenkriegszeit war »Wien bei Nacht«
ein Thema und man war stolz,
Besuchern und Gästen die
Sehenswürdigkeiten beleuchtet zeigen zu können.

So ein Anlass war auch die Hochzeit von Kronprinz
Rudolf mit Stephanie von Belgien am 10. Mai 1881. Bereits
zwei Tage zuvor verwandelte sich die Reichshaupt- und Residenzstadt und gab sich ein neues Aussehen. »Wien ist Welt-
stadt! mußte man heute ausrufen, wenn man den an Paris und
London gemahnenden Verkehr beobachtete, welcher sich in
unserer Feststadt stürmisch entfaltete. Die breite Ringstraße,
für welche wir sonst nicht genug Menschen auftreiben können,
um sie großstädtisch zu füllen, schien heute zu enge für das
Massenaufgebot des Publicums«, schrieb die *Neue Freie Presse*
anlässlich der Ankunft der Braut. Zur Hochzeit war in der
Wiener Innenstadt die Nacht zum Tag geworden. »Ein feuriger
Hochzeitsgruß von märchenhafter Schönheit war es, den heute
die Hauptstadt dem kronprinzlichen Paare darbrachte«, schrieb
oben erwähnte *Neue Freie Presse* und resümierte: »Seit acht Jahren hat Wien keine Illumination in großem Style erlebt, und die
heutige überbot alle ihre Vorgängerinnen. Die Fortschritte, die
seither auf dem Gebiete der Licht-Erzeugung gemacht wurden,
traten dabei deutlich hervor, und wo das elektrische Licht den
Kampf mit dem Gas aufnahm, blieb es Sieger, trotzdem es bei
der Mangelhaftigkeit und raschen Improvisation der einzelnen
elektrischen Beleuchtungsobjecte nicht voll zur Geltung gelangen konnte.« Wir bleiben nun stehen und sind Zaungast am
Schwarzenbergplatz. Dieser »schwamm in Tageshelle, denn von
allen hier befindlichen Palästen strömte in verschwenderischer
Fülle das Licht aus. Die beiden Fronten am Palaste des Erzher-
zogs Ludwig Victor zeigten lange Flammenreihen, die Initialen
des kronprinzlichen Brautpaares und darüber eine Fürstenkro-
ne, sowie die weithin flammende Inschrift ›Viribus unitis!‹ Vom
Balcone des Palais Wertheim sendeten mächtige Gasfackeln
Lichtströme auf den Platz herab.«

Ungefährlich war dieses Unterfangen der tausenden offenen Gasflammen jedoch nicht. Prompt kam es Ecke Burgring /
Babenbergerstraße zu einem Zwischenfall. Dort fingen Fahnen,
die man als Fassadenzier angebracht hatte, Feuer und begannen
kräftig zu rauchen. Beinahe wäre Panik ausgebrochen, was bei
den Menschenmassen, die zu dieser Stunde auf der Ringstraße
unterwegs waren, eine Katastrophe ausgelöst hätte. Doch zum
Glück konnten Diener die brennenden Fahnen herunterreißen
und die Flammen ersticken. Wenden wir uns dem flammenden
Höhepunkt zu. Das war ein riesiger Triumphbogen, der auf der
Ringstraße errichtet worden war. Wir folgen der Zeitung im

O-Ton: »Die eigentliche Pièce de résistancs der Ringstraßen-beleuchtung aber war unstreitig die von der Gasgesellschaft am Eingange des Kärntnerringes errichtete Porta triumphalis mit ihrem fast die ganze Breite der Ringstraße einnehmenden kuppelartig gewölbten Giebel und mit ihren drei Bogen und Durchlässen. Der ganze Bau stand buchstäblich in Flammen. Vom Giebel gingen Lichterstrahlen und Spiralen zur Höhe; von feurigen Sternen, Zacken und Bouquets umgeben zeigte die Pforte in Flammenschrift auf der einen Seite die Worte: Rudolf und Stephanie, Wien und Brüssel; auf der andern Seite das Datum des 10. Mai 1881. Dieses sicherlich glänzendste Schaustück mit seinen Kronen, Sternen, Wölbungen in Feuer er-zielte den größten Effect, denn die Massen konnten sich daran nicht sattsehen und wollten nicht von der Stelle weichen. Die Gasgesellschaft hat mit dieser ihrer Veran-staltung heute den Vogel abgeschossen. Diese Gesellschaft hat bekanntlich auch für heute die Veranstaltung getroffen, daß sie auf der Ringstraße die Gaslaternen entfernte und aus einer Art Opferschale fackelartig das Licht ausströmen ließ.«

> »
> *Die Gasgesellschaft hat mit dieser ihrer Veranstaltung heute den Vogel abgeschossen.*
> «

Da immer wieder vom Gas bzw. der Gasbeleuchtung ge-sprochen wird, ein paar Worte zum sogenannten »Leuchtgas«. Im Gegensatz zum heute verwendeten Erdgas, das ebenso wie Erdöl durch Bohrungen aus dem Untergrund gewonnen wird, wurde Leuchtgas – manche werden es noch als »Stadtgas« in Erinnerung haben – aus Steinkohle gewonnen. Gefährlich war das Leuchtgas durch seinen Kohlenmonoxidanteil von bis zu neun Prozent. Vergiftungen, teils mit tödlichem Ausgang, sowie Suizide waren gar nicht so selten. Die Geburtsstunde von Wiens öffentlicher Gasbeleuchtung schlug im Jahr 1838 mit der Aufstellung des ersten Gaskandelabers am Michaelerplatz. 1862 beleuchteten dann schon über 6.000 Gaskandelaber die Stadt Wien. Als Energieversorger agierten zunächst lokale Ver-sorger, aber bald auch die »Imperial Continental Gas Associa-tion«. Die Firma mit Sitz in London hatte sich am Kontinent rasch etabliert und fasste auch in Wien Fuß. Hier hatten die Briten 1842 zunächst das Gaswerk in Fünfhaus (Gasgasse 2) gekauft und 1843 neu errichtet. Im Folgejahr erwarben sie das Roßauer Gaswerk und expandierten rasch. 1851 bauten sie in Erdberg ein weiteres Gaswerk, 1855/1856 folgte eines in der Billrothstraße in Döbling. 1859/1860 wurde beim Belvedere in der Nähe des seinerzeitigen Südbahnhofes ein Gaswerk errichtet. Das Werk Tabor folgte 1863 in Zwischenbrücken, ehe 1870/71 in Floridsdorf (Floridsdorfer Hauptstraße 82, Brünner Straße 20–40) eine weiteres errichtet wurde. 1879 entstand das »Werk Hütteldorf« in der Deutschordenstraße. Erst in den 1890er-Jahren erfolgte mit dem Bau der vier Gasometer in Simmering, deren Ziegelhüllen heute noch ein Wahrzeichen sind, die Kommunalisierung der Gasversorgung. Ab dem Herbst 1899 wurde die Stadt Wien vom Leuchtgas aus Simmering erhellt. Doch erst mit dem Gaswerk Leopoldau, das im April 1912 eröffnet wurde, konnte sich Wien von den seinerzeitigen englischen Monopolisten unabhängig machen.

Auch wenn zur Hochzeit des Kronprinzen die Beleuchtung von Gasflammen stammte, begann in den 1880er-Jahren die Wende zur elektrischen Beleuchtung. Waren es zunächst Kohlebogenlampen, folgten später die ersten Glühbirnen. Eine Schlüsselstellung hat hier Thomas Alva Edison (1847–1931), der genialen Erfinder. Er gilt allgemein als Vater der Glühbirne, die er 1880 in den USA patentieren ließ. Die Elektrizität war damit endgültig zum Thema geworden. 1881 gab es in Paris die »Exposition de l'électricité«, im nächsten Jahr folgte in München die »Electricitäts-Ausstellung« und vom 16. August

Schon in der Frühzeit der elektrischen Beleuchtung ein wichtiges Thema: die Stromersparnis.

Neue elektrische Glühlampe!

Die OSMIUM-GLÜHLAMPE, eine Erfindung des Dr. Karl Freiherrn Auer v. Welsbach, Erfinder des Gasglühlichtes, bildet einen wesentlichen Fortschritt auf dem Gebiete der künstlichen Beleuchtung, da bei deren Verwendung eine weit vollkommenere Ausnützung der elektrischen Energie gegenüber allen anderen Glühlampensystemen erzielt wird.

Die OSMIUM-GLÜHLAMPE hat einen Energieverbrauch von 1·5 Watt pro Kerze.

Die Kohlenfadenlampe verbraucht 3·5 Watt pro Kerze.

Stromersparniss bei Verwendung von OSMIUM-LAMPEN somit 57 Procent.

Reines weisses Licht.   Geringe Wärmeausstrahlung.

Die BELEUCHTUNG mit OSMIUM-LAMPEN gegen Jahrespauschale übernimmt die

Elektrotechnische Abtheilung der

Oesterr. Gasglühlicht- u. Elektricitätsgesellschaft

Telephon 9324   Wien, IV., Schleifmühlgasse 4.   Telephon 9324

Osmium-Glühlampe.

bis zum 31. Oktober 1883 fand in Wien in der Rotunde die »Internationale Elektrische Ausstellung« statt. Folgen wir anlässlich deren Eröffnung den Ausführungen im *Vaterland* vom 17. August 1883: »In das Innere der Rotunde wird sich die ganze Fülle des elektrischen Lichtes, welches die Aufmerksamkeit der ganzen gebildeten Welt fast ganz absorbirt, ergießen. Da wird oben in der Laterne eine große elektrische Lampe von 40.000 Kerzenstärke Lichtströme herabstrahlen in den Innenraum; von der obersten Galerie der Laterne werden zwanzig Lampen, jede von 4000 Kerzenstärke, zusammen 80.000 Kerzen, herableuchten und an der tieferen Galerie werden weitere 90 Bogenlichtlampen zu je etwa 1000 Kerzen, also weitere 90.000 Kerzen angebracht sein. [...] Die jeder Phantasie spottende Herrlichkeit dieser Beleuchtung wird noch durch Lampen verschiedener Systeme in der Rundgalerie gesteigert, so daß der viel mißbrauchte Ausdruck eines Lichtmeeres hier zur Wirklichkeit erhoben scheint.« Auch wenn hier noch die großen Bogenlichtlampen im Vordergrund standen, so konnte die Glühbirne doch reüssieren: »Ueberhaupt haben die Glühlampen nach dem System Edison einen Hauptantheil an dem Erfolge des heutigen Abends davongetragen und einen sehr günstigen Eindruck auf das Publicum gemacht.« (*Neue Freie Presse,* 24. August 1883).

Überspringen wir die Einzelschritte bei der Einführung der Glühbirne in Wien, schreiten wir zum nächsten imperialen Großereignis, bei dem es Beleuchtungen im großen Stil gab, zum 70. Geburtstag des Kaisers am 18. August 1900. Nicht nur unzählige Berichte, sondern ganze Serien von Bildpostkarten belegen, wie die Nacht zum Tag wurde. Bleiben wir kurz bei der schriftlichen Berichterstattung. Die Zeitung *Das Vaterland* titelte: »Der 70. Geburtstag des Kaisers«, die Untertitel hatten folgenden Wortlaut: »Die Enthüllung der Gedenktafeln«, »Die Huldigung des Gewerbestandes« und dann: »Die Illumination«, die den festlichen Abschluss bildete. Man könnte meinen, beabsichtigt war, in der ganzen Stadt Geburtstagskerzen anzuzünden. Lesen wir im *Vaterland* vom 18. August jene Passagen, die uns durch Postkartenansichten überliefert sind: »Und vom Schwarzenbergplatze bis zu den Hofmuseen glich der Ring einem wahren Lichtmeere.

> *Einen besonderen Eindruck machte der Obelisk zwischen den Hofmuseen. Er übergoß seine ganze Umgebung mit Licht.*

Der Leuchtobelisk zwischen den beiden
Hofmuseen, eine Lichtinszenierung aus Anlass
des 70. Geburtstags des Kaisers.

Einen besonderen Eindruck machte der Obelisk zwischen den
Hofmuseen. Er übergoß seine ganze Umgebung mit Licht. Von
unmittelbarer Nähe des Obelisks sah man schon die Conturen
des Parlamentsgebäudes, dessen Linien von Glühlampen mar-
kirt waren. Den Glanzpunct bildete natürlich das Rathhaus,
das man gesehen haben muß, da dessen prächtige Illumination
jeder Beschreibung spottet.« Auch der Hochstrahlbrunnen am
Schwarzenbergplatz wurde von einem Reflektor, sprich einem
Spiegel, in rot, grün und weiß bestrahlt, so, »daß sie [=die
Wassermassen] dann aussahen wie zu Eis erstarrt.« Um den
reibungslosen Besuch der Menschenmassen zu gewährleisten,
wurde seitens der Polizei der »gesammte Verkehr des öffentlichen und Privatfuhrwerkes, sowie der Radfahrer eingestellt«.
Da Ihre Majestät, der Kaiser, an jenem Tag aber wie gewohnt in
Ischl weilte, hat er sich hoffentlich an den Wiener Bildern und
Berichten noch nachträglich erfreut.

Seit dem 23. Juni 1906 verwandelte sich der Hochstrahlbrunnen
am Schwarzenbergplatz am Abend in einen bunt illuminierten
Leuchtbrunnen.

Eben erwähnter Hochstrahlbrunnen sollte in späterer
Zukunft mit einer Rundumerneuerung die Blicke auf sich
ziehen: Er wurde zum Leuchtbrunnen. Doch der Reihe nach. In
Betrieb genommen wurde er anlässlich der Eröffnung der Ersten Wiener Hochquellenwasserleitung am 24. Oktober 1873,
dem Jahr der Wiener Weltausstellung – gerade noch recht-
zeitig, denn am 1. November war die Schau offiziell zu Ende. In
seinen *Erinnerungen* schreibt der Geologe Eduard Suess, der als
Vater der Hochquellenwasserleitung gilt, über die wohl bangs-
ten Minuten seines Lebens: In Anwesenheit tausender Schau-
lustiger und zahlreicher Festgäste, an der Spitze Kaiser Franz
Joseph, kam der ersehnte Strahl nicht sofort. Bürgermeister
Felder hatte es Suess überlassen, mit einem weißen Tuch den
Wink – im wahrsten Sin des Wortes – zum Öffnen des unterirdischen Reglers zu geben. »Die Augen der Menge sind auf die

Mitte des Wasserbeckens gerichtet. Es ist nichts. Eine pein-
liche Pause. Nach einigen Minuten wiederhole ich das Zeichen.
Wieder nichts. Eine noch peinlichere Pause. Eine, zwei, drei
Minuten. Ich beginne die Pulse an meinen Schläfen zu verspü-
ren.« Ehe er ein drittes Zeichen gibt, beginnt das Wasser aus
dem Rohr zu sprudeln und steigert sich schließlich zu einem
40 bis 50 Meter hohen Strahl, der weit über die Häuserdächer
hinaufschoss. Millionen von Wassertropfen fielen wie ein Vor-
hang zu Boden. »In diese sendet die gütige Sonne ihre Strahlen
und spannt einen Regenbogen um das Bild.«

Hatte seit der ersten Stunde die Sonne für strahlende
Momente und Regenbögen gesorgt, half man später mit künst-
lichem Licht nach. Die notwendigen Renovierungsarbeiten an
dem in die Jahre gekommenen Brunnen wurden genutzt, um
einen Leuchtbrunnen, eine *Fontaine lumineuse,* zu installieren,
der am 23. Juni 1906 eröffnet wurde. Einen Leuchtbrunnen
dieser Art hatten die Wiener schon 1890 auf der Land- und
forstwirtschaftlichen Ausstellung im Prater zu sehen bekommen, aber das war damals eben nur vorübergehend. Schauen
wir uns die technischen Details zum Wiener Leuchtbrunnen
an. Als Quelle dient uns das Fachblatt *Der Bautechniker* (XXVI.
Jahrgang, Nr. 26) vom Jahr 1906: »Durch 27 in unterirdischen
Räumen aufgestellte Scheinwerfer wird der Strahlbrunnen beleuchtet, die eine vertikal aufgerichtete Lichtmenge von zirka
360 Millionen Kerzen geben. Zur Erzielung der Farbeneffekte
dient ein von einem Elektromotor angetriebenes Hebelwerk,
welches abwechselnd verschiedene Farbscheiben in die Licht-
kegel der Scheinwerfer einschiebt. Dieses Werk gestattet
144 Kombinationen mit den Farben rot, gelb, grün, blau, violett
und weiß gefärbt.«

Im nächsten Jahr wurde der Brunnen hinsichtlich
Wassermenge und Leuchtkraft verbessert. Wie schon 1906
spielten beim Brunnen wieder Musikkapellen auf, und zwar jeweils Donnerstags um ¾9 Uhr abends. Wenn heute auch keine
Musik mehr spielt, so ist immerhin, dank der LED-Schein-
werfer, die Leucht- und Strahlkraft erhalten. Zu bewundern
täglich von 20 bis 24 Uhr, am Staatsfeiertag selbstverständlich
in Rot-Weiß-Rot.

Gemma schau'n!

Des Wieners Lust an Freud und Leid der anderen

»Gegen Mittag waren sämmtliche Häuser bis an die Giebel, alle Berge, Weingärten, das ganze Ufer der Donau zu beiden Seiten buchstäblich mit Menschen übersäet, so daß kein Verkehr mehr möglich war.« Diese Zeilen lesen wir am 23. April 1854. Wir mischen uns auch unters Volk und sind Zaungäste der Ankunft der zukünftigen Kaiserin. Sisi, die Braut von Franz Joseph, war mit dem Schiff von Bayern nach Österreich gefahren und endlich in Wien angekommen. Ganz Nußdorf war aus dem Häuschen im wahrsten Sinn des Wortes. Groß und Klein waren auf den Beinen unter dem Motto: Gemma Kaiserbraut schauen. Wir folgen weiter den Ausführungen der *Wiener Zeitung* im O-Ton. Der Landungsplatz der DDSG, also der Donaudampf-schifffahrtsgesellschaft, wo der Expressdampfer »Franz Joseph« anlegte, war geschmückt und das Volk in freudiger Erwartung. »... zu beiden Seiten desselben waren Tribünen angebracht, die schon am frühen Morgen mit Schaulustigen besetzt waren.« Endlich, um elf Uhr, war es soweit, ein paar Böllerschüsse kündete das Nahen der künftigen Monarchin an. »Von der Höhe des Leopoldberges entfaltete sich dem Beschauer ein imposantes Schauspiel. So weit das Auge reichte waren alle Anhöhen, Landungsplätze, Stationen und Überfuhren mit Menschen bedeckt.« Als die durchlauchtigste Prinzessin dann von Döbling über Währing und Hernals via Schmelz mit dem Wagen nach Schönbrunn fuhr, staunten wieder Massen über Massen. Sisi dürfte von Wiens Vororten wohl kaum etwas gesehen haben, denn »längs dieser ganzen 5/4 Meilen langen Strecke wogte zu beiden Seiten eine ungeheure Menschenmenge, die den vorbei-fahrenden Festzug mit enthusiastischen Zurufen begrüßte«.

Wie hatten sich doch die damals noch weitgehend ländlichen Orte Mühe gegeben und herausgeputzt! Überall waren

»
Wie hatten sich doch die damals noch weitgehend ländlichen Orte Mühe gegeben und herausgeputzt!
«

Blumen mit Girlanden, »Bouquets« mit »bedeutungsvollen Inschriften«, österreichische Fahnen wehten neben bayerischen, Glockengeläut, weiß gekleidete Mädchen u.s.w. Ja, so pflegte man im alten Wien eine angehende Kaiserin zu begrüßen. Um halb sechs Uhr war die »jugendliche Kaiserbraut« endlich in Schönbrunn angelangt. »Wir brauchen kaum zusagen, daß auch die so weiten Räume von Schönbrunn von einer stundenlang harrenden dichtgedrängten Menge überfüllt waren und daß der unbeschreibliche aus den innersten Herzen quellende Jubel, welcher den Triumphzug begleitete, sich hier noch zu steigern schien.« Angesichts derartiger Zeilen fragen wir uns: Wer hat sich mehr gefreut, das blutjunge Mädchen, das am 24. Dezember 1837 in München geboren wurde, oder die Wiener? Ein Journalist der *Wiener Zeitung* versucht dafür Worte zu finden, die heute vielleicht kitschig klingen mögen: »Es war der Erguß jenes Gefühles, welches unsterblich in der Brust des Österreichers waltete eines Gefühles, so reiner und menschlicher Natur und zugleich erhöht und Verherrlicht durch den erhabenen Gegenstand, an welchen es sich anschließen durfte.«

Spektakel so ganz nach dem Geschmack der Wienerinnen und Wiener: Ovation der »Damen vom Stand« anlässlich der goldenen Hochzeit von Erzherzog Rainer und Erzherzogin Marie, 21. Februar 1902.

Am Tag der Vermählung, dem 24. April, erfolgte der Einzug der Braut ausgehend von Theresianum zum Kärntnertor. Allein die Beschreibung des Schmucks der Wagen und der fein herausgeputzten Pferde wäre eine Geschichte wert, doch wir bleiben bei den Menschen und deren Gefühlen. Von der Trauung in der Augustinerkirche war das Volk freilich ausgeschlossen, doch die Herzen der Wiener waren beim Jubelpaar. » ... doch von den inbrünstigen Gebeten begleitet ward, welche Millionen von Herzen zum Himmel sandten.« Am nächsten Tag wurde auf den Straßen und Gassen gefeiert, abends war Wien ein Lichtermeer, es war ein Wetteifern der schönsten Beleuchtungen, Dekorationen und Jubelrufe. »Die Stadt hallte wieder von den tausendstimmigen donnernden Jubel, von welchem Ihre Majestäten auf jedem Punkte empfangen wurden.«

Anlass des Jubels und der Freude war das junge Kaiserpaar. Die Wiener projizierten ihre Sehnsüchte und Hoffnungen auf den Herrscher und seine strahlend schöne junge Frau. Aber auch sonst gab es für die Wienerinnen und Wiener viel zu sehen: Hier glänzte der Zauber der Montur, prangten die farbenfrohen Uniformen des Militärs. Man bestaunte die stolzen Reiter und die feschen Offiziere.

Für eine Militärparade scheute man zu keiner Zeit Strapazen. Bis zum heutigen Tag kommen am Nationalfeiertag Familien mit Kind und Kegel, um Panzer und Hubschrauber nebst Mitmachstationen rund um den Wiener Heldenplatz zu besuchen. Auch wenn sich das Bundesheer heute als Beschützer, als Helfer in der Not präsentiert, so wissen doch alle, dass im Ernstfall scharf geschossen wird. Im 19. Jahrhundert gab es keine »Informations- und Leistungsschau«, wie das heute vonseiten des Heeres genannt wird, dafür aber Paraden mit herrlichen Uniformen. Derartige Aufmärsche waren für viele ein Pflichttermin. »Der anhaltende Regen hatte jenes schaulustige Publicum nicht abgehalten, welches gewohnt ist, keine dieser Frühjahrs-Paraden zu versäumen. Eine nach Hunderten zählende Schaar von Neugierigen, welche theils zu Fuß, theils zu Wagen herbeigekommen war, hielt trotz Unwetter wacker aus, bis die letzte Truppen-Abtheilung den Platz verließ. Jedenfalls wurde über den Maitag heute Früh zu sanguinisch geurtheilt; die ausgerückten Truppen hatten dadurch die schweren Unbilden der Witterung zu erdulden, und auch der große Schaden ist bedauerlich, den insbesondere die Officiere durch die verdorbene Parade-Uniform erleiden.« (*Neue Freie Presse*, 4. Mai 1880).

Sagenumwobenes Wahrzeichen und auch ein Ort für Hinrichtungen: die Spinnerin am Kreuz am Höhenrücken des Wienerberges.

Welch ein janusköpfiges Geschöpf ist doch der Mensch! Viele der Menschen, die im April 1854 dem jungen Kaiserpaar zujubelten, die sich stundenlang angestellt hatten, waren wohl auch auf der Straße gewesen, als ein Jahr zuvor, im Februar 1853, János Libényi bei der Spinnerin am Kreuz gehenkt worden war. Damals hatte man keine Mühe gescheut und war trotz des ungemütlichen Winterwetters gekommen, um die Sensationslust zu befriedigen. »Es war ein trüber schneestürmischer Morgen, und doch hatte sich eine unübersehbare Menschenmenge am Richtplatze bei der Spinnerin am Kreuze, und auf den Glaciswegen über, welche der traurige Zug vom Fischerthor aus ging, versammelt. Bereits am vorigen Abend hatte man allgemein von der bevorstehenden Hinrichtung gesprochen, aber man nannte drei Plätze als Richtstätten; und schien nicht genau zu wissen, wo die Execution vor sich gehen werde.« (*Presse*, 27. Februar 1853). Was war passiert? Wir rekapitulieren: János Libényi hatte am 18. Februar auf der Kärntnertorbastei ein Messerattentat auf den jungen Monarchen verübt, das dank des Einschreitens von Josef Ettenreich, eines Fleischers, glücklich abgewendet werden konnte. Das Volk war erschüttert, landauf, landab dankte man dem Herrgott, las Messen und spendete Geld für die Armen. Dass der Attentäter sterben musste, bestätigte das »competente kriegsgerichtliche Urtheil vom 23. d. M.«. Der ungarische Schneidergeselle wurde »zum Tode durch den Strang verurtheilt«. Die Tatsache, dass man zunächst nicht wusste, wo die Exekution stattfinden werde, war wohl der Grund, dass nicht noch mehr Menschen gekommen sind.

Welche Freude und Sensationslust die Wienerinnen und Wiener bei Exekutionen hatten, belegt in erschreckender Weise die Berichterstattung zur letzten öffentlichen Hinrichtung im Jahr 1868. Was damals geschah, lässt auch heute niemanden kalt. In der *Presse* vom 30. Mai 1868 zeigt man sich

empört: »Ein trauriges, tief verdüsterndes Ereignis hat heute
stattgefunden. Der Mörder Georg Ratkay ist auf Grund dessen,
daß er sein Verbrechen gestanden, kraft des Gesetzes vor einer
riesigen Pöbelmenge, aus dem Abschaume der Bevölkerung
bestehend, die sich zu dem schrecklichen Acte, wie zu einem
ungewöhnlich ergötzenden Schauspiele unter Äußerungen des
empörendsten Cynismus drängte, hingerichtet worden.« Der
Mob wartete vor dem Landesgerichtsgebäude seit dem frühen
Morgengrauen auf den Moment, in dem Ratkay zur Richtstätte
geführt wurde. Selbst Bauernwagen wurden als Tribüne benutzt, um aus erhöhter Position einen Blick auf den Verurteil-
ten werfen zu können. Endlich war es soweit. »Es war 7 Uhr
morgens, als sich die Außenpforten des Landesgerichts-Ge-
bäudes öffneten. Die vor demselben postirte Escadron Husaren
drängte die harrende Menschenmenge zurück um dem traurigen Zuge Platz zu schaffen. [...] Die Menschenmasse, die sich
längs der ganzen Strecke vom Landesgerichtsgebäude bis zur
Spinnerin am Kreuz zu beiden Seiten der Straßen ausgestellt
hatte, war eine ungeheure, so daß der Wagenverkehr durch
jene Straßen bis zu dem Augenblick, wo der Zug vorüber war,
gänzlich abgesperrt war.« Der Zug bewegte sich »im raschen
Trabe« über die Lastenstraße Richtung Karlsplatz, querte dort
die damals noch existierende Elisabethbrücke und fuhr über die
Wiedner Hauptstraße und Matzleinsdorferstraße zum damaligen Linienwall. Gesäumt war der Weg von sensationslüsternen
Menschenmassen, die von der Polizei nur mühsam zurückge-
drängt werden konnten. »Außerhalb der Matzleinsdorfer Linie
[entspricht dem heutigen Gürtel] verdichtete sich die Menschenmenge in einer Weise, daß der Vortrab und die folgende
Wagenreihe nur mühsam im Schritte sich vorwärts bewegen
konnten und unmittelbar vor dem Richtplatze war die Menge
gewiß auf 30.000 Menschen angewachsen, die auf den Dächern
der nahen Häuser, auf improvisirten Tribünen, aus den Feldern
dicht gedrängt den Galgen umstanden. Gehörte schon die in
den Straßen aufgestellte Menge in der ungeheuren Mehrheit
den untersten Schichten der menschlichen Gesellschaft an, wobei das ›zarte‹ Geschlecht wie immer den
Ausschlag gab, so erschien die Volksmenge an der
Richtstätte selbst als der

»
*Auch Katastrophen und Unfälle
sind willkommene Anlässe für
sensationslüsterne Gaffer.*
«

Auch 25 Jahre nach der Hinrichtung von Georg Ratkay war die Spinnerin am Kreuz noch ein etwas unheimlicher Ort. Langsam näherte sich jedoch die Stadt. Foto, 1893.

roheste Abschaum der Bevölkerung. Das riesige Aufgebot von Militär und Polizei war nicht im Stande, diesen Abhub der Bevölkerung, der sich mit anwidernder Rohheit zu dem Schauspiele drängte, im Zaume zu erhalten; kaum daß es gelang, das engste Carré um den Galgen freizuhalten. Auf allen diesen Gesichtern zeigte sich keine Theilnahme, kein Mitleid, nichts – als die niedrigste, gemeinste Sorte von Neugierde, und man kann wol keine Scene so entwürdigend und ekelerregend erfinden, als jener Moment es war, in dem ein armer Sünder den letzten Seufzer unter der Hand des Henkers aushauchte, während eine tausendköpfige verthierte Menschenmenge in ein Gejohle, Bravorufen und Händeklatschen ausbricht, weil eine Tribüne umgefallen war und einige Zuschauer herabgeworfen hatte. Das ist das Abschreckende der Todesstrafe!«

Mischen wir uns wieder in die Massen. Folgen wir den Ausführungen des Journalisten im *Abendblatt* der *Neuen Freien Presse* vom Samstag, dem 30. Mai 1868, in dem er von skrupelloser Geschäftemacherei berichtet: »Die Tribunen nächst der Richtstätte erhoben sich amphitheatralisch auf der Wiese. Die Menge hatte sich von zwei Uhr Nachts an bereits dahin gedrängt und campirte, das Schauspiel erwartend. Die Dächer der Magazine der dort liegenden großen Leimsiederei, sowie des Wirthshauses waren ebenfalls zur Tribüne geworden, indem dieselben von einer dicht gedrängten Menschenmenge besetzt waren. Der speculative Besitzer dieser Gebäude ließ sich 30 kr. für einen Sitz- oder Stehplatz auf seinem Dache bezahlen. Auch die Preise auf den improvisirten Tribünen waren verhältnismäßig ziemlich hoch gestellt, 30, 40 und 50 kr., ja später selbst 1 fl. wurden bereitwilligst gezahlt. Wo von den Tribünen irgend ein kleiner Raum freigeblieben, stellten sich Miethwagen aller Art, sogar Möbelwagen auf. Auch die Dächer und Kutschböcke dieser auf der Neustädter Straße in drei dichten Reihen stehenden Fahrzeuge, sowie leere und auch mit Ziegeln, Holz, Säcken u.s.w. bepackte Streifwagen wurden zu Steh- und Sitzplätzen verwendet und als solche vermiethet.« Auch über die Zeit des Wartens wurde berichtet. »Die anwesende Menge, zu welcher der ältere Theil des schwachen Geschlechtes, sowie

die niedere Demi-monde ihr stärkstes Contingent gestellt hatte, conversirte meist über die bevorstehende Execution und die
Zahlenlotterie. Während Einige die verschiedenen Henk- und
Strangulirungs-Methoden einem noch naiven und aufmerksam
lauschenden Zuhörerkreis zergliederten, versicherten Andere,
sie müßten es besser verstehen, denn sie seien heute bereits
das fünfte oder sechstemal dabei. Hie und da wurde allerdings
die Hoffnung ausgesprochen, daß Ratkay begnadigt werde, und
diese Hoffnung meist daran gestützt, daß heute der Namenstag
des Kaisers Ferdinand sei.« Als besonders verwerflich wurde
auch damals empfunden, dass Kinder anwesend waren. »Einen
bedauernswerthen Eindruck hat es auf uns gemacht, daß einige
kopflose Firmpathen, und einige den besseren Ständen an-
gehörende Väter so weise waren, erstere ihre jungen Firmlinge
und letztere ihre unmündigen Kinder zu diesen, furchtbaren
Schauspiele zu führen.«

Dem kann man eigentlich nichts mehr hinzufügen. Die
bittere Wahrheit ist, dass es bei ähnlichen »Darbietungen« wieder genau in demselben Stil ablaufen würde. Dieselben Leute
würden wiederkommen, dieselben Leute würden wieder gaffen
und schauen, und dieselben Leute würden keine Spur von Mitleid und Gefühl zeigen.

Auch Katastrophen und Unfälle sind willkommene Anlässe für sensationslüsterne Gaffer. Bei Katastrophen kommen
noch die Plünderer, die – wenn möglich – derartige Momente
des Chaos nutzen, um etwas mitzunehmen, um sich zu berei-
chern. Als im Sommer 1911 der Holzlagerplatz am Nordbahn-
hof in Brand geraten war, witterten viele die Chance auf ein
außergewöhnliches Spektakel: »Während der Brand wütete,
wuchs die schaulustige Menge immer mehr an. Aus allen Bezirken strömten Tausende dem Brandplatze zu. Schließlich
konnte die Wache allein die Ordnung nicht mehr aufrecht-
erhalten, zumal in der Vorgartenstraße die Menge Anstalten
machte, nach Demolierung der Holzplanke auf den Brandplatz
zu stürmen und das dort liegende Holz zu verschleppen. Plötzlich ertönte der Ruf: Militär kommt! Und in der Tat erschien
um halb 10 Uhr eine Kompagnie Infanterie welche nunmehr
in den Ordnerdienst eingriff und die johlende Menge zurück-
drängte.« (*Die Neue Zeitung*, 28. Juli 1911)

Auch mehr als hundert Jahre später hat sich am Wesen
des Menschen nichts geändert. Das bestätigen zahlreiche Berichte über Menschenansammlungen, die immer dort entste-

hen, wo es etwas Tragisches zu sehen gibt. Dass heute viele mit ihren Handys filmen und die Videos dann über soziale Netzwerke, eigentlich sind es in diesem Fall asoziale Netzwerke, verbreiten, unterstreicht die Sensationsgier und die Gefühlskälte vieler Menschen. Doch damals wie heute waren und sind es die Medien, die darüber berichten. Sie haben die Macht, durch die Art der Berichterstattung und durch die Wahl der Worte entweder sachlich zu informieren oder Emotionen und Sensationslust zu schüren.

Bei Massenaufläufen machte sich Gewalt auf den Straßen breit: Der Brand des Justizpalastes am 15. Juli 1927 forderte 84 Todesopfer.

A schöne Leich

Gut bleibe die Erinnerung

Der Hang des Wieners zum Morbiden, zur Welt, die mit dem Tod verbunden ist, ist legendär. Dass die Stadt mit dem 1874 eröffneten Zentralfriedhof eine der größten Begräbnisstätten Mitteleuropas hat, kommt nicht von ungefähr. Dass es den Wienern beim Begräbnis noch darauf ankommt, ein allerletztes Mal so richtig zu leben, sprich es den anderen zu zeigen, wer man war, führt dazu, dass die sprichwörtliche »schöne Leich« eine besondere Bedeutung im Leben eines Wieners hat. Manchmal wirkt es so, als wollte der Verstorbene noch eine allerletzte Runde schmeißen. Als der 79-jährige Charles Joseph Fürst von Ligne im Dezember 1814 in Wien im Sterben lag, soll – so die *Lemberger Zeitung* vom 13. Jänner 1815 – der alte Feldmarschall und Diplomat gesagt haben: »Ich bin zu arm, um den erhabenen Gästen meines Kaisers ein Fest zu geben; wenigstens will ich ihnen ein Schauspiel verschaffen, welches sie in Wien noch nicht gesehen haben, das Begräbnis eines Feldmarschalls.« Sein Grab befindet sich am schönsten Friedhof Wiens, im idyllischen Kahlenberger Friedhof, mit einem Aus- und Weitblick, der für Friedhöfe einzigartig ist.

Wobei, das sei allen Nichtwienern gesagt, »Leich« steht nicht etwa für den Leichnam, für den toten Körper. Der Terminus leitet sich vom Leichenbegängnis, also dem zelebrierten Begräbnis ab. Wir betrachten die Begräbnisse einiger Prominenten und staunen nur so über die vielfältigen Aspekte, die alle dazugehören, dass es dann schlussendlich eine »schöne Leich« war; Ehrengrab inklusive, doch dazu später.

Früher war es Brauch, dass Tote zu Hause aufgebahrt wurden, wo Angehörige und Freunde vielfach bei offenem Sarg Abschied nehmen konnten. Einer der großen Männer des öffentlichen Lebens in der zweiten Hälfte des 19. Jahrhunderts

Beim Begräbnis des
Wiener Bürgermeisters Karl
Lueger am 14. März 1910
folgten 40.000 Menschen
dem Trauerzug (hier vor dem
Burgtheater).

»

*Wir staunen nur so über die
vielfältigen Aspekte, die alle dazugehören, dass es dann schlussendlich eine ›schöne Leich‹ war.*

«

war der Geologe Eduard Suess. Er war nicht nur Universitäts-
professor, sondern auch langjähriger Präsident der Akademie
der Wissenschaften. Suess war in zahlreichen öffentlichen
Positionen, so auch als Politiker tätig und gilt als »Vater« der
Ersten Hochquellenwasserleitung. Als Suess, er wurde 1831
in London geboren, am 26. April 1914 verstarb, wurde er in
seiner Wohnung in der Afrikanergasse 9 in der Leopoldstadt
aufgebahrt und eingesegnet. Suess' Leichnam
wurde dann mit der Südbahn nach Márcfalva,
dem heutigen Marz in Burgenland, überführt
und im Familiengrab bestattet. Ihm, dem Eh-
renbürger der Stadt Wien, wurde natürlich
ein Ehrengrab der Gemeinde Wien angeboten, doch die Familie lehnte es, im Sinne des
Verstorbenen, ab. Suess selber hatte sich ein
einfaches Begräbnis gewünscht. Konkret sah
es am 28. April im Sterbehause so aus: »Die
Wände und der Plafond der Wohnung waren schwarz drapiert.
Der Sarg ruhte auf einem Podium, das von hohen Silber-

Die Unterzeichneten geben aufs tiefste bewegt Nachricht von dem Hinscheiden ihres innigstgeliebten Vaters, Groß-vaters, Urgroßvaters und Bruders, des Herrn

Eduard Suess

o. ö. Universitäts-Professor i. P.,

welcher in Wien, Sonntag, den 26. April 1914, ¼4 Uhr früh, sanft und schmerzlos entschlafen ist.

Die Leiche des teueren Dahingeschiedenen wird nach der im Trauerhause II., Afrikanergasse Nr. 9 erfolgten kirchlichen Einsegnung nach Marz in Ungarn überführt und daselbst Mittwoch, den 29. April 1914, um 5 Uhr nachmittags, in der Familiengruft zur ewigen Ruhe bestattet werden.

WIEN, am 27. April 1914.

Ing. Adolf Suess	Laura Frankel geb. Suess	Frieda Suess geb. Machacek
Paula Neumayr geb. Suess	als Schwester.	Olga Suess geb. Frenzl
Jur. Dr. Hermann Suess		als Schwiegertöchter.
Prof. Dr. Franz Ed. Suess	Prof. Dr. Heinrich Mache	
Ing. Otto Suess	Ing. Fritz Zimmermann	Hermine Mache geb. Neumayr
Med. Dr. Erhard Suess	als Schwiegerenkel.	Hedwig und Edith Neumayr
als Kinder.		Lorle Zimmermann geb. Suess
	Hedwig Mache	Eduard, Theodor, Hans und
	Adolf Zimmermann	Edith Suess
	als Urenkel.	als Enkel.

"Gemeinde Wien — Städtische Leichenbestattung und Anmeldestelle zur Versicherung auf Leichenbegängnisse", II., Praterstraße 55. — Telephon 18.364.
Druck von Paul Gerin, Wien, II., Zirkusgasse 13

Partezettel für den Geologen
Eduard Suess.

kandelabern mit brennenden Wachskerzen umgeben war. Zu Häupten des Sarges wölbte sich ein Baldachin aus schwarzem Tuche mit einem mächtigen Kreuz, und zu Füßen des Sarges stand ein Kruzifix. Schwerer Blumenduft erfüllte das düstere Gemach und den anstoßenden Salon. Dutzende herrlicher Gewinde aus frischen Blumen erfüllten die beiden Gemächer. Rechts und links vom Sarge standen je zwei Chargierte des alten akademischen Korps »Marchia« in voller Wichs mit ge-zücktem Schläger auf Ehrenwache. Um den Sarg hatte sich vor 2 Uhr fast ausschließlich die Familie versammelt (...).« (*Wiener Zeitung*, 29. April 1914)

Blumen, vor allem Kränze, waren stets wichtige Zeichen der Anerkennung für den Verstorbenen. Kranzschleifen mit Grußadressen waren aber nicht nur letzte Wünsche und Hul-digungen an den Toten, sondern auch Visitkarten derjenigen, die in frommer Ehrerbietung den Kranz gespendet hatten. Wer etwa verhindert war, an einem Begräbnis persönlich teilzu-nehmen, der konnte mit einem Kranz seine Reverenz erweisen, oder – um es etwas überspitzt auszudrücken –, er konnte sich selbst inszenieren, denn Kränze wurde stets genau ins Auge genommen. Den Beweis dafür finden wir etwa im Zusammenhang mit dem Ableben des Dichters Ludwig Anzengruber, der am 10. Dezember 1889 in Wien verstarb. Die für ihn übersandten Kränze sind ein Abbild des damaligen Who's who der Kulturwelt. Kränze sind nicht nur überbracht worden, nein, es wurde darüber auch in den wichtigsten Zeitungen berichtet. So lesen wir zwei Tage nach seinem Tod im *Deutschen Volksblatt:* »Im Laufe des gestrigen Tages wurden in das Sterbehaus [Gumpendorfer Straße 58 b] des verblichenen Dichters Ludwig Anzengruber viele prächtige Blumenspenden zur Schmückung des Sarges überbracht. Unter der Menge der Blumen fallen besonders in's Auge die Kränze von: Alexander Girardi, Verein des Deutschen Volkstheaters: ›Dem unvergeßlichen Ausschußmitgliede‹, von der Direction des Deutschen Volkstheaters: ›Dem unersetzlichen Freunde‹, von den Mitgliedern des Deutschen Volkstheaters, von Ludwig und Louise Martinelli: ›Dem Freunde‹, von der Direction und den Mitgliedern des Carl-Theaters, vom Vereine der Literaturfreunde: ›In dankbarer Erinnerung‹, von Baronin Ebner-Eschenbach, Adelar und Christine v. Breden (Ada Christen): ›Dem Dichter, dem Freunde‹, und Anderen. Aus Berlin kam ein prachtvoller Kranz von den Mitgliedern der Freien Bühne. Selbstredend spendete auch besagte Zeitung einen Kranz mit der Aufschrift: »Dem deutschen Volksdichter – das ›Deutsche Volksblatt.‹«

Ludwig Anzengruber, der 1839 in Wien geboren wurde, der am Zentralfriedhof ein Ehrengrab bekam (Gruppe 14 A, Nr. 1), dem 1905 ein Denkmal gesetzt wurde, der als Namenspate der Anzengrubergasse und der Anzengruberstraße fungierte: Österreichischer Volksdichter, was willst du mehr?

Verlassen wir die Sterbehäuser, mischen wir uns unter jene, die den Trauerzug zum Friedhof eskortieren. Dazu drehen wir das Rad der Zeit ein wenig weiter zurück und halten im Jahr 1827, jenem Jahr, als der große Komponist Ludwig van Beethoven am 26. März die irdische Welt verließ. Der Meister wohnte damals in der Schwarzspanierstraße 15. Das tatsächliche Sterbehaus, das damals die Konskriptionsnummer »Alservorstadt Nr. 200« trug, wurde 1903 abgerissen. Auf dem 1904 errichteten Nachfolgebauwerk erinnert eine Tafel an Beethoven. Die nächstliegende Gedenktafel für den Tonmeister finden wir an der barocken Alserkirche (Allerheiligste Dreifaltigkeit) in der Alserstraße 17, wo Beethoven am 29. März um 15 Uhr eingesegnet wurde.

Rund zwei Wochen später, am 12. April, gibt's dann einen schriftlichen Bericht in *Bäuerles Theaterzeitung.* Wir erfahren von einem großen Menschenandrang: »Der Zulauf und Andrang war so groß, daß der Zug zu dem, ungefähr ein Paar hundert Schritte weitem, Wege von der Wohnung bis zur Kirche der P. P. Minoriten, eine volle Stunde brauchte.« Die Trauerrede im Freien vor der Kirche (»Außer dem Kirchenhofe«) hatte Franz Grillparzer geschrieben. Vorgetragen wurde sie vom k. k. Hofschauspieler Heinrich Anschütz. Die Dichter Ignaz Franz Castelli und Franz Freiherr von Schlechta hatten Gedichte verfasst und sie auf Flugzetteln verteilen lassen. Freilich darf man den Zahlen der Trauergäste nicht ganz glauben, es wird niemand die Masse der Schluchzenden überprüft haben, so wie auch heute bei Demonstrationen die Zahlen der Teilnehmer stark divergieren. Doch wenn wir lesen, »im Ganzen begleiteten an die 15.000 Menschen aus allen Ständen die Überreste des genialen Compositeurs, auf ihrem letzten Erdenwege«, so gibt uns das schon ein Bild der großen Anteilnahme wieder. Dass dem Leichen-Conduct »nebst vielen hiesigen Schauspielern, Sängern, Componisten und Musikern, hiesigen Kunst- und Musikalienhändlern und Dichtern« auch tausende Trauergäste folgten, steht außer Zweifel. Schubert, der bei Beethovens Begräbnis Fackelträger war, folgte dem großen Meister im nächsten Jahr nach. Er verstarb am 19. November 1828 und wurde zwei Tage später ebenfalls am Währinger Ortsfriedhof gleich neben Beethoven begraben. Hier sind auch noch die Gräber der beiden Musiker zu sehen, ihre sterblichen Überreste befinden sich indes am Wiener Zentralfriedhof. Wenn wir heute am »Zentrö«, um einen wienerischen Dialektausdruck zu strapazieren, das Who's who der Prominenten des 19. Jahrhunderts finden, also Künstler, Wissenschaftler und andere große Köpfe, so stehen wir hier fast ausschließlich vor deren Zweitgräbern. Mit anderen Worten: Sie wurden exhumiert und dann hier abermals bestattet. Also: Ein zweites Begräbnis, die Chance, ein zweites Mal so richtig wahrgenommen zu werden. Wiener Herz, was willst du mehr?

Das bietet natürlich auch neue Chancen der Ehrung. Bleiben wir bei Schubert und Beethoven und folgen wir ihren Särgen von Währing nach Simmering. Beim zweiten Begräbnis Beethovens beeindruckte ein

» *Also: Ein zweites Begräbnis, die Chance, ein zweites Mal so richtig wahrgenommen zu werden. Wiener Herz, was willst du mehr?* «

Grabdenkmale von Beethoven, Gluck, Mozart und Schubert auf dem Centralfriedhof — Gruß aus Wien

Beethoven wie auch seine Komponistenkollegen Gluck, Mozart und Schubert wurden zunächst auf anderen Friedhöfen begraben, später exhumiert und dann am Zentralfriedhof abermals bestattet.

großer Kranz. Er trug die Aufschrift »Dem Andenken Ludwig van Beethoven die Reichshaupt- und Residenzstadt Wien. 22. Juni 1888.« Also das Datum seiner Zweitbestattung. Weiters kam ein Kranz von Johann Strauß, der bei Beethovens erstem Begräbnis ja erst zwei Jahre alt war.

Wir lesen am nächsten Tag in der *Presse*: »Um 2 Uhr wurde der Sarg gehoben und in den prachtvollen, von acht Rappen gezogenen Trauer-Glaswagen gestellt. [...] Der Zug bewegte sich durch die Währinger Straße nach der Ringstraße bis auf den Schwarzenbergplatz, wo sich Director, Professoren, Schüler und Mitglieder der Gesellschaft der Musikfreunde, die Vertreter des Magistrats und Gemeinderaths und der musikalischen Körperschaften, so namentlich des Singvereins und Männergesang-Vereins, anschlossen. In den Straßen, welche der Zug passirte, trug die Sicherheitswache Gala-Uniform und die Gaslaternen brannten.«

Nicht minder bombastisch muss es bei Schuberts zweitem Begräbnis drei Monate später, am Sonntag, dem 23. September 1888, bei prachtvollem Wetter zugegangen sein. Die Zeilen der *Neuen Freien Presse* vom 24. September sind ein untrüglicher Beweis für den wohl inszenierten Showcharakter des Begräbnisses: »Durch das sonntägliche Gewühl und Getümmel, welches die Ringstraße erfüllte, bewegte sich der Zug, der mit allem jenem Trauerpomp ausgestattet war, welchen man sonst gewöhnlich bei den Begräbnissen vornehmer Persönlichkeiten aufgewendet sieht, und Alles war aufgeboten, um der Menge, die sich längs des ganzen Weges angesammelt hatte, ein großartiges Schauspiel zu bieten.« Der Trauerzug folgte wieder derselben Route. Vor der Votivkirche waren rund 1.200 Sänger mehrerer Gesangsvereine versammelt, die sich an die Spitze des Trauerzuges in Richtung Schillerplatz setzten. Aus ihren Kehlen erklang Schuberts Lied *Die Nacht*, für das Franz Krämer eigens einen Text verfasst hatte. Und der lautete:

> *Meister, blick' auf uns hernieder*
> *Aus des Himmels blauer Ferne,*
> *hell wie seine ew'gen Sterne*
> *Glänzen ewig deine Lieder!*

Vom Schwarzenbergplatz weg fuhren 150 Wagen (»Equipagen«) zum Zentralfriedhof.

Ganz so toll dürfte es auch wieder nicht gewesen sein. »So mächtig auch der tausendstimmige Gesang erscholl, so konnte doch gerade dieser Theil der Feier nicht zur vollen Wirkung gelangen und ging für die auf der Ringstraße angesammelt Menge fast ganz verloren. In Folge der durch den Zug bewirkten Hemmung des Wagenverkehrs war gerade auf dem Opernring eine lange Reihe von Tramway-Waggons stehen geblieben, die sich nun unter Pfeifen, Glockengeklingel und Pferdegetrappel in Bewegung setzte, wodurch der Vortrag der Sänger natürlich sehr gestört wurde. Der Punkt inmitten des verkehrsreichsten Theiles der Ringstraße war für die Darbringung der Sängerhuldigung unglücklich gewählt worden.«

Wenden wir uns von den Söhnen der Muse den Prominenten des öffentlichen Lebens und dem Kaiserhaus zu. Wir blenden zurück zum Begräbnis von Kaiserin Elisabeth am 17. September 1898. »Sisi« war am 10. September 1898 vom Anarchisten Luigi Lucheni in Genf mit einer Feile erstochen worden. Am 15. September um 10 Uhr abends kam ihr Leichnam am »Kaiserin-Elisabeth-Bahnhof« an — welch eine Ironie des Schicksals! Von dort wurde er in die Hofburg überführt. Noch ehe der Zug im Bahnhof einfuhr, wurde sie gewürdigt. »Auf der Strecke von

Der Trauerzug von Kaiserin Elisabeth gelangt am 17. September 1898 über den Michaelerplatz zur Kapuzinergruft.

der Penzinger Eisenbahnbrücke bis zum Perron standen 500 Bedienstete der k. k. Staatsbahnen mit brennenden Fackeln zu beiden Seiten des Geleises.« (*Wiener Zeitung*, 16. September 1898). Natürlich konnte sie auch als Leiche dem Hofzeremoniell nicht entfliehen: Ihr Empfang war ihrer Stellung als Kaiserin würdig und entsprach dem Zeremoniell, das sie so sehr gehasst hatte. Noch am Bahnhof, im Hofsalon, wurde sie von Burgpfarrer Dr. Laurenz Mayer eingesegnet, ehe sie im Kondukt über die Mariahilfer Straße zur Hofburg geführt wurde. »Wo er vor überkam, erscholl gedämpfter Trommelwirbel. Die Menge entblößte das Haupt.« In der Hofburg wartete Franz Joseph. Es war wohl einer der traurigsten Momente seines Lebens, als er den Sarg seiner Frau empfing. Noch am späten Abend fuhr er nach Schönbrunn zurück und schrieb jene Zeilen, die eine persönliche Betroffenheit ausdrückten. »An meine Völker! Die schwerste, grausamste Prüfung hat Mich und Mein Haus heimgesucht. Meine Frau, die Zierde Meines Thrones, die treue Gefährtin, die Mir in den schwersten Stunden Meines Lebens Trost und Stütze war, – an der Ich mehr verloren habe, als Ich auszusprechen vermag, ist nicht mehr. Ein entsetzliches Verhängnis hat Sie Mir und Meinen Völkern entrissen. [...] Schönbrunn, am 16. September 1898. Franz Joseph m. p.«

Am 17. September 1898 wurde »Sisi« in der Kapuzinergruft bestattet. Der Trauerzug nahm von der Hofburgkapelle seinen Ausgang, der weitere Verlauf war vorgezeichnet. Er führte vom innerer Burgplatz über Michaeler- und Josefs-platz durch die Augustinerstraße am Philipphof vorbei und via Tegetthoffstraße zu den Kapuzinern auf den Neuen Markt. Dazu ein paar Details: »Von der Michaeler- und Augustiner-Kirche flatterten mächtige schwarze Fahnen herab, alle Häuser waren mit Trauerfahnen geschmückt, viele Balkone und Erker schwarz drapirt.« Während die Kaiserin abermals eingesegnet wurde, hatten sich riesige Menschenmassen auf dem verhältnismäßig kurzen Weg angesammelt, um noch einen letzten Blick zu erhaschen. Die Ordnungskräfte hatten alle Mühe, den letzten Weg für den Trauerzug freizuhalten. »Nachmittags rückte das Militär in die abgesperrten Straßen und grenzte die ungeheure Menschenmenge in einer geraden Linie gegen den freigehaltenen Fahrweg ab.« Erst um vier Uhr nachmittags setzte sich der Zug von der Hofburg in Bewegung. »Ernst und würdig harrten diese ungezählten Tausende durch Stunden ruhig auf ihren Plätzen aus, um einen letzten Blick auf den Trauerzug werfen zu können, welcher die todte Kaiserin zu Ihrer letzten Ruhestätte in die Kaisergruft geleiten sollte.«

Der Zutritt in die Kapuzinergruft war nur einem ausge-wählten Kreis ermöglicht worden. So beklagt sich *Das Vaterland* einen Tag nach dem Begräbnis: »Offenbar wegen Raummangels ist uns für die heutigen Leichenfeierlichkeiten keine Eintritts-karte in die Capuzinerkirche ausgefolgt worden. Wir sind daher nicht in der Lage, aus eigener Wahrnehmung über die große Trauerfeier berichten zu können.« Da der Weg des Trauerzuges kurz war, gab es nur wenige Möglichkeiten, einen Blick auf den Sarg zu erhaschen. Doch die Wiener fanden dafür rasch Ersatz. Denn es befanden sich wegen des Begräbnisses unzählige der allerhöchsten Vertreter der Kronländer und anderer Länder Europas in Wien. Prominente Gäste, die man nicht alle Tage zu Gesicht bekam. »Als die Trauerfeier beendet war, strömte die Menschenmenge hauptsächlich in die Hofburg, um dort die An-kunft und Abfahrt der Fürstlichkeiten anzusehen. Die Innere Stadt war den ganzen Abend über sehr belebt; auf der Ring-straße war der Verkehr so stark, daß die Wache Mühe hatte, den Wagenverkehr aufrechtzuerhalten.«

Drehen wir das Rad der Zeit ins Jahr 1913. Am 11. Feb-ruar war der sozialdemokratische Politiker Franz Schuhmeier Opfer eines politischen Attentats geworden. Er war am Nord-westbahnhof von Paul Kunschak, dem arbeitslosen Bruder des Begründers der christlichen Arbeiterbewegung und späteren

Nationalratspräsidenten Leopold Kunschak, erschossen worden. Am 16. Februar 1913 wurde er am Ottakringer Friedhof begraben. Die Trauerfeierlichkeiten begannen um zwei Uhr nachmittags im Ottakringer Arbeiterheim, Kreitnergasse 29–33, der Zentrale der Ottakringer Sozialdemokraten, das im Jahr 1934 bei den Februarkämpfen schwer angegriffen und weitgehend zerstört werden sollte. Bleiben wir im Jahr 1913, lesen wir in der *Arbeiterzeitung*, dem Organ der sozialdemokratischen Arbeiterschaft, die Nachlese zum Begräbnis über »Franz Schuhmeiers letzte Fahrt«. Dass er sie nicht

alleine antreten würde, war klar. Dass sich aber »Eine Viertelmillion Trauergäste« versammeln würde, hat alle überrascht und auch alle damaligen Rekorde übertroffen. »Von überwältigendster Wirkung war der Zug, vom Eisenbahnviadukt der Vorortelinie aus gesehen.« Doch nicht nur am Gürtel und in Ottakrings Straßen wimmelte es nur so von Menschen, auch auf den Feldern rund um den damals noch nicht verbauten Ottakringer Friedhof harrten tausende von Trauernden aus. »Männer und Frauen, manche von ihnen aufs dürftigste gekleidet, fröstelnd in der scharfen Winterluft, aber doch voll Geduld, die die Verehrung und Teilnahme für einen unsäglich teuren Toten gibt. Hab'n S' ihn aa kennt? Wer hat 'n Schuhmeier net kennt, wer?« Das war eine Frage, die man, an den Reihen vorübergehend, immer wieder hören konnte.«

Aus allen Bezirken waren Delegationen und Züge gekommen, die zu einem einzigen Menschenzuge verschmolzen. »Das war eine gewaltige Heerschau.« Alleine im Friedhof säumten 1.800 Ordner den Weg zum Grab. Wer es nicht glaubt, der möge sich selbst ein Schwarz-Weiß-Bild ausgehend von einer zeitgenössischen DOKU machen. Schuhmeiers letzter Weg wurde damals von einem Dokumentarfilmer festgehalten. Der sechsminütige Filmbeitrag *Das Leichenbegängnis des Reichstagsabgeordneten Franz Schuhmeier* findet sich heute auch im Internet (http://stadtfilm-wien.at/film/117/). Selbstredend wurde Schuhmeier in einem ehrenhalber gewidmeten Grab (Gruppe 14, Reihe 1, Nummer 1/2) bestattet. Weiters lebt sein Name im Ottakringer Schuhmeierhof sowie in der Franz-Schuhmeier-Gasse in Liesing und der Schuhmeierbrücke in Penzing fort.

Sprengte alle Dimensionen: Rund eine halbe Million Menschen kam am 16. Februar 1913 zum Begräbnis des ermordeten Arbeiterführers Franz Schuhmeier am Ottakringer Friedhof.

Literaturauswahl

Beyerl, B.: Der Naschmarkt. Wege durch Wiens kulinarisches Herz. Wien 2009

Bekesi, S. & Doppler, E.: Wien von oben – Die Stadt auf einen Blick. Wien 2017

Bronner, G.: Meine Jahre mit Qualtinger. Anekdoten, Texte und Erinnerungen. Wien 2003

Brusatti, O.: Joseph Lanner – Compositeur, Entertainer & Musikgenie. Wien 2001

Eberstaller, G.: Zirkus und Varieté in Wien. Wien 1974

Grillparzer, F. / Höfle, P. [Hg.]: Der arme Spielmann. Berlin 2013

Hachleitner, B., Marschik, M., Müllner, R. & Zappe, M.: Motor bin ich selbst. Wien 2013

Hatzel-Bandel, H. & Klinger, J: Wiener Stadtwerke – 40 Jahre Wiener Stadtwerke, Wien 1988

Henisch, P.: Baronkarl – Alte und neue Peripheriegeschichten. Weitra 1992

Herold, R.: Brigittenau – Von der Au zum Wohnbezirk. Wien 1992

Hofer, G.: 100 Jahre Gänsehäufel – Die Insel im Herzen der Wienerinnen und Wiener. Wien 2007

Hofmann, Th. & Debera, U.: Wiener Landpartien – Ausflüge in Vororte. Wien – Köln – Weimar 2004

Kaiser, F.: Die Brigittenau. Wien 1975

Kaldo-Karo, R. & Enzinger, Ch.: Circus in Wien. Erfurt 2010

Klusacek, Ch.: Meidling – Ein Bezirk stellt sich vor. Wien 1976

Klusacek, Ch. & Stimmer, K.: Rudolfsheim–Fünfhaus – Zwischen Wienfluß und Schmelz. Wien 1978

Kucher, P.-H. [Hg.]: Charles Sealsfield – Karl Postl, Österreich, wie es ist. Wien – Köln – Weimar 1997

Mailer, F.: Die Walzer des Biedermeier. In: Krasa, S. [Red.]: Bürgersinn und Aufbegehren – Biedermeier und Vormärz in Wien. Wien 1988

Meisinger, A.: 150 Jahre Eiszeit – Die große Geschichte des Wiener Eislauf-Vereins. Wien 2017

Neuwirth, R.: Das Wienerlied. Wien 1999

Parthe, L.: Die schönsten Wiener Lieder (4. Aufl.). Wien 1998

Payer, P.: Blick auf Wien – Kulturhistorische Streifzüge. Wien 2007

Payer, P.: Unterwegs in Wien – Kulturhistorische Streifzüge. Wien 2013

Payer, P.: Wien – Die Stadt und die Sinne – Reportagen und Feuilletons um 1900. Wien 2016

Pemmer, H. & Lackner, N. [Bearb. Düriegl, G. & Sackmauer, L.]: Der Prater. Wien 1974

Reichebner, G.: 125 Jahre Wiener Trabrenn-Verein. Wien 1999

Ruby, N. & Schönwald, P.: Venedig in Wien – Theater- und Vergnügungsstadt der Jahrhundertwende. Wien 1996

Seis, E.: Führer durch Wien und Umgebung. Praktisches Handbuch für Reisende und Einheimische in zwei Theilen. Wien 1880

Sinnhuber, B.: Zu Gast im alten Wien. Wien 1997

Slapansky, W.: Das kleine Vergnügen an der Peripherie. Der Böhmische Prater in Wien. Wien 1992

Spitzer, R.: Hernals – Zwischen Gürtel und Hameau; Wien 1991

Sterk, H.: Stadtlichter – Die Erhellung von Alltag und Kunst durch Elektrizität. Wien 1991

Stifter, A.: Aus dem alten Wien – Zwölf Erzählungen. Frankfurt / Main 1986

Storch, U.: In den Prater! Wiener Vergnügungen seit 1766. Wien 2016

Suess, E.: Erinnerungen. Leipzig 1916

Weinheber, J.: Wien Wörtlich. Wien 1935

Wirth, M., Diamantidi, D. & Korper, C.: Spuren auf dem Eise – Die Entwicklung des Eislaufes auf der Bahn des Wiener Eislauf-Vereines (Nachdruck von 1881). Bremen 2013

Ziak, K.: Des Heiligen Römischen Reiches größtes Wirtshaus – Der Wiener Vorort Neulerchenfeld. Wien 1979

Onlinequellen:

http://anno.onb.ac.at

http://www.arbeiter-zeitung.at

https://www.geschichtewiki.wien.gv.at/

Hütteldorf. „Juchhe, verkaufts mei G'wand, i fahr' in Himmel.“

Danksagung

Für Hilfestellungen bedanken wir uns bei Hans W. Bousska (Bezirksmuseum Meidling), Karoline Eder (FC Flyeralarm Admira), Karla Edelbauer, Angelika Herburger , Ferdinand Lesmeister (Bezirksmuseum Floridsdorf), Trude Neuhold (Bezirksmuseum Hernals), Michael Neumann (FC Flyeralarm Admira), Elisabeth Rehse-Holzer (Wiener Eislauf-Verein) und Walter Sturm (Bezirksmuseum Favoriten).

Die Autoren

© privat

© Willfried Gredler-Oxenbauer

Thomas Hofmann (Mag. rer. nat.) ist Leiter von Bibliothek, Verlag und Archiv der Geologischen Bundesanstalt in Wien und Autor zahlreicher Publikationen zur Kulturgeschichte Wiens und Niederösterreichs.

www. thomashofmann.at

Beppo Beyerl ist als Zentralmeidlinger seiner Heimatstadt treu geblieben, schreibt Bücher und Reportagen über die Insassen Wiens, aber auch über die Bewohner seiner beiden anderen Heimaten Südböhmen und Istrien.

www.beppobeyerl.at

Der Platz vorne
am Tisch ist noch frei, liebe
Leserin, lieber Leser.
Warum so lange zögern?

Liebe Leserin, lieber Leser,

hat Ihnen dieses Buch gefallen? Dann freuen wir uns über Ihre Weiterempfehlung! Erzählen Sie Ihren Freunden davon, Ihrem Buchhändler, oder bewerten Sie es online.

Wollen Sie weitere Informationen zum Thema? Möchten sie mit den Autoren in Kontakt treten? Wir freuen uns auf Austausch und Anregung unter **leserstimme@styriabooks.at**

Inspiration, Geschenkideen und gute Geschichten finden Sie auf **www.styriabooks.at**

STYRIA BUCHVERLAGE

Wien – Graz
© 2019 by Styria Verlag
in der Verlagsgruppe Styria GmbH & Co KG
Alle Rechte vorbehalten.
ISBN 978-3-222-13646-7

Bücher aus der Verlagsgruppe Styria gibt es in jeder Buchhandlung und im Online-Shop www.styriabooks.at

Covermotiv: Blumenkorso im Prater
Gestaltung und Produktion: Emanuel Mauthe und Birgit Mayer, Extraplan Wien
Lektorat: Johannes Sachslehner
Druck und Bindung: Finidr
Printed in the EU
7 6 5 4 3 2 1

Bildnachweis

© Thomas Hofmann/Sammlung: Umschlagfotos, 1, 2/3, 4,5, 9, 11,12,13, 17, 19, 25, 29, 30, 32, 34 f, 36, 38, 41, 42, 46, 50, 53, 61, 63, 65, 69, 74, 77, 96, 97, 98, 99, 101, 103, 113, 115, 120, 133, 135, 137, 139, 140, 143, 145, 147, 148, 151, 152, 155, 157, 158, 159, 163, 169, 171,173, 176, 179, 181, 183, 186, 190, 193, 194, 199, 200, 203, 205, 209, 211, 215, 217, 221; ÖOC Bildarchiv/picturedesk.com: 71; Austrian Archives (S)/Imagno/picturedesk.com: 72; InterFoto/picturedesk.com: 81 (oben); Scherl/SZ-Photo/picturedesk.com: 81 (unten); ÖNB-Bildarchiv/picturedesk.com: 95; Votava/Imagno/picturedesk.com: 109 (unten); Österreichische Lichtbildstelle/ÖNB-Bildarchiv/picturedesk.com: 125; Rübelt, Lothar/ÖNB-Bildarchiv/picturedesk.com: 129; österr. Volkshochschularchiv/Imagno/picturedesk.com: 127, 223; Theodor Zasche/picturedesk.com: 130; Imagno/picturedesk.com: 174; akg-images/picturedesk.com: 185; Sammlung Hubmann/Imagno/picturedesk.com: 206/207; Lechner (Wilh. Müller)/ÖNB-Bildarchiv/picturedesk.com: 219; © Bezirksmuseum Favoriten: 7, 22; © Österreichische Nationalbibliothek/AKON: 15; © Reinhard Mandl: 21; © Österreichische Nationalbibliothek / ANNO: 27, 43, 78, 139 (unten), 161 (Illustrierte Kronen-Zeitung, 4. Juni 1932), 197; © Beppo Beyerl: 45, 49, 136; © Archiv Angelika Herburger: 54, 56, 116, 118, 123; © Bezirksmuseum Floridsdorf: 81 (links), 111 (oben); © Bezirksmuseum Hernals: 85, 89; © Wiener Eislauf-Verein: 87, 90, 91, 92; © Bezirksmuseum Meidling: 105, 107; © FC Flyeralarm Admira: 109 (oben); © Archiv Karla Edelbauer: 189; © Archiv Geologische Bundesanstalt: 212; IceStage Archive: 83; Wikimedia Commons: 58, 165, 167